客流荒 II

会员制打造私域流量池（实战篇）

雷钧钧 张 川 ◎著

清华大学出版社
北 京

内 容 简 介

本书重点围绕线下实体店铺的破局重生方向，尤其针对中小型店铺，以会员制营销的运营理念为核心，详细拆解会员制运营实操的完整体系流程，把当下主流的社群运营、直播电商等客户互动通道与传统门店经营策略相结合，把传统实体打造成以会员制为中心的多元化服务终端，为广大中小型实体企业提供方法、策略与模板化指导。

本书封面贴有清华大学出版社防伪标签，无标签者不得销售。

版权所有，侵权必究。举报：010-62782989，beiqinquan@tup.tsinghua.edu.cn。

图书在版编目(CIP)数据

客流荒．Ⅱ，会员制打造私域流量池：实战篇 / 雷钧钧，张川著．—北京：清华大学出版社，2020.9

ISBN 978-7-302-56341-9

Ⅰ.①客… Ⅱ.①雷… ②张… Ⅲ.①零售商店－商业经营－研究 Ⅳ.① F713.32

中国版本图书馆 CIP 数据核字 (2020) 第 167355 号

责任编辑：陈　莉　高　屾
封面设计：周晓亮
版式设计：方加青
责任校对：马遥遥
责任印制：刘海龙

出版发行：清华大学出版社
网　　　址：http://www.tup.com.cn，http://www.wqbook.com
地　　　址：北京清华大学学研大厦 A 座　邮　编：100084
社 总 机：010-62770175　邮　购：010-62786544
投稿与读者服务：010-62776969，c-service@tup.tsinghua.edu.cn
质 量 反 馈：010-62772015，zhiliang@tup.tsinghua.edu.cn

印 装 者：三河市龙大印装有限公司
经　　销：全国新华书店
开　　本：148mm×210mm　印　张：10　字　数：285 千字
版　　次：2020 年 12 月第 1 版　印　次：2020 年 12 月第 1 次印刷
定　　价：68.00 元

产品编号：089055-01

前言

> 解决客流荒的最佳模式就是会员制

2020年的新冠疫情，对线下实体门店来说就像一场恍惚的生死闪回，大多数实体店好似看到了各自的末日惨像：商业街成了无人区，商铺关门歇业。最让人焦虑的不是商业全面停摆，而是逐渐复工后，自己的生意却迟迟不见好转，因为同时恢复的还有房租、人工开支等固定成本，收入跟不上支出，企业眼睁睁被现金流耗死。

客流荒就是饥荒，要命

就在这样的大环境下，我们仍然看到了率先实现业绩复苏的店铺，其中一些甚至在顾客无法上门消费时就已经实现业绩营收，他们通过个人微信、朋友圈、社群、直播等线上途径开张营业，忙得不亦乐乎。于是，私域电商、直播带货成了疫情期间的新热点。很多企业开始跟进，忙着从零起步，却发现多数情况下只是"自嗨"——别人一场直播上万人观看，收入数十万，自己的直播只有百十人访问，收入近乎为零。

这时，大家发现，原来转战互联网并不那么容易，同样会遭遇客流荒。

在相同的操作下，为什么有些店可以通过线上接单率先恢复营收,而有些店则到哪里都找不到客流呢?追其原因,问题出在"会员"身上。那些恢复速度快的店铺,无非是想尽一切办法打通了与老顾客之间的链接。

如果没有顾客积累和留存,朋友圈内容发给谁看?搞直播又给谁看?难道你真的认为四处添加的陌生微信好友会因为你的一场直播带货、一次社群秒杀就毫不犹豫地买单吗?

如果没有顾客积累和留存,门店复工之后的第一批进店顾客又从哪里来?难道你真的指望素未谋面、行色匆匆、面戴口罩的陌生人蜂拥而至,冲到你的门店进行报复性的消费?

彻底解决客流荒的办法不是寻找新客户,而是从留住老顾客开始,尤其是在获取新客流的难度与成本越来越高的当下,会员制几乎是实体门店的唯一选择。

什么是会员制

我们研究会员营销14年,无时无刻不在思考该如何给会员制下定义,却无法道出其中真谛。

会员制是为了解决客流荒?没错!

会员制能够提高业绩?没错!

会员制可以增加顾客复购,可以促使老顾客带新顾客?没错!

这些通过会员制为门店带来的好处,只能称为作用,仍然无法作为定义解读。

在这14年的门店服务与研究中,我们还发现店老板们也无法说出会员制到底为何物,有的说是一种促销手段,有的说是一种营销策略,有些人口中的会员制是会员裂变,有些人则认为会员制就是储值、积分、优惠券……

连续完成《客流荒:会员制打造门店爆客与持续盈利》《客流荒Ⅱ:会员制打造私域流量池(实战篇)》,大量的案例、商业逻辑、理论模型不断交织,使我们越来越接近一个答案:对于企业,会员制是一个强调用"偏袒"策略跟老顾客建立关系，不断挖掘老顾客终身价值的商业模式（见图I-1）。

首先，我们不能"一视同仁"，而应基于会员的贡献度与潜在价值提供有差别的服务；

其次，我们在与顾客的互动中，不是单纯以促进成交为首要目的，而是以建立稳固信任关系为第一要务；

再次，会员的终身价值不是他们一共能在本店消费多少金额，而是他们能否基于你的产品和服务，影响和吸引更多志同道合者前来光顾。

对会员制的这种理解，也是我们为本系列图书起名为"客流荒"的原因。我们力图为实体门店从根本上解决客流循环再生的问题，而不是去探索一个营销套路，为你瞬间带去一次性流量。

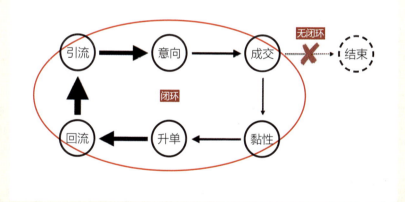

图I-1　门店顾客流动逻辑

《客流荒：会员制打造门店爆客与持续盈利》这本书主要从理论探索和具体战术打法上为读者提供关于会员营销的具体方法，并由此提出打造会员制模式的初步框架，大家可以通过该书找到更多即学即用的营销"点"。

《客流荒Ⅱ：会员制打造私域流量池（实战篇）》则像一本说

明书，指引读者更好地理解并应用会员制。本节把会员制营销的5个环节做了更深的剖析，配合案例，为那些希望把会员制落到实处的店铺提供一份操作说明，如图I-2所示。

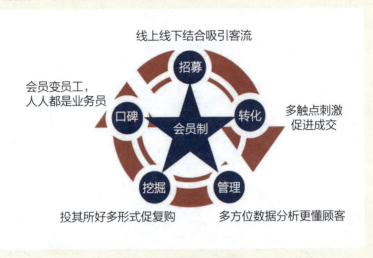

图I-2 会员制运营模型

本书配有音频课程（请扫描封底二维码获取），与《客流荒：会员制打造门店爆客与持续盈利》有理论上的衔接，但独成体系，并且加入了会员制结合微信三大私域流量池的实操解析，以及直播电商如何与实体门店以及会员制模式相结合的策略与方法。

内容梗概

本书共3个部分，第1部分重点讲解会员体系打造的全过程，帮助读者全面了解会员营销，包含理论体系、结构模型、对应案例以及实施中的细节，这一部分是店铺塑造差异化和提升竞争力的绝佳参考。

第2部分重点讲解会员制与微信相结合，通过微信社群运营、个人微信号运营、公众号运营打造适合门店特征的私域流量池，读者将会看到与其他解读社群、公众号以及个人微信运营完全不同的内容。

第 3 部分介绍门店如何成为直播电商，与其他专职做直播带货的人相比，哪些是门店学不来的，哪些又是门店的独特优势，这也是鲜有的以店铺方视角为运营切入点谈直播带货的落地策略。

附录提供了一系列工作表格的设计模板，大家可以直接使用本书的表格模板，但我们更希望大家在阅读完之后，基于自己的情况，以提供的模板为参考，去设计适合自己的工具表格。

民间流传这么一句谚语：好店三年不换客。当你能够留住老顾客，就可以长期持续地生存。在当下，三年不换客是不现实的，但我们希望每一位决心施行会员制的门店，都可以理解其中的精髓，以留住回头客为第一要务，通过会员制的运营，获得更多的忠实顾客！

目录

第 1 部分　会员体系打造与营销实施

第 1 章
在会员招募环节做什么　/　3

1.1　架构店铺的会员体系　/　4
    1.1.1　必须做——目标客户细分　/　4
    1.1.2　重头戏——设计会员权益体系　/　16
    1.1.3　易疏忽——会员权益的后端链条设计　/　30
    1.1.4　最关键——入会流程设计　/　46
1.2　从注册会员这一步开始做数据化管理　/　58
1.3　如何获取能够成为会员的初始流量　/　66
    1.3.1　优化店铺的流量源　/　67
    1.3.2　行之有效的引流策略　/　75

第 2 章
加速会员的销售转化　/　86

2.1　针对会员需求的场景化设计　/　87
2.2　通过爆品设计加速会员成交　/　95

2.3　善用酬赏和时效加速成交　/　105

第 3 章
会员营销的宝藏——数据　/　111

第 4 章
会员制的威力——挖掘顾客终身价值　/　124

4.1　如何留住会员　/　126
4.2　如何让会员重复购买　/　133
4.3　如何逐步提高会员的客单价　/　143

第 5 章
会员裂变——让客流源源不断　/　149

5.1　裂变的内在动机——社交链　/　151
5.2　裂变逻辑的关键三要素　/　159
5.3　巧借线下产品刺激顾客裂变　/　165

第 6 章
实操中的细节　/　169

6.1　如何把散客转入私域流量池做会员制运营　/　170
6.2　两个案例，教你会员忠诚方案怎么做　/　176
6.3　如何正确应对会员流失问题　/　181
6.4　适合会员制运营的互联网工具　/　187

6.5 如何看待会员营销中的"免费模式" / 192

6.6 巧用"晒图好评返现" / 197

第 2 部分　三大微信私域流量池运营

第 7 章
微信社群运营 / 207

7.1 特惠福利群 / 208

7.2 特权会员群 / 221

7.3 超级用户群 / 232

第 8 章
个人微信号运营 / 246

8.1 角色定位 / 248

8.2 形象设计 / 250

8.3 好友管理 / 254

8.4 朋友圈运营 / 258

第 9 章
微信公众号运营 / 265

9.1 底部菜单 / 267

9.2 功能应用 / 270

9.3 内容群发 / 275

第 3 部分　直播带货

第 10 章
如何抓住直播带货的新风口　/　279

10.1　直播对线下实体店的两大意义　/　281
10.2　实体店做直播需要遵循的两大原则　/　284
10.3　实体店做直播最应该播的三类内容　/　286

第 11 章
实体店做直播，如何发挥会员制、
门店、社群的多维带货能力　/　288

11.1　实体店搞直播，交易持续时间比单纯直播带货更长　/　289
11.2　门店、社群、直播全场景营销，多触点撬动老顾客持续
　　　贡献　/　290
11.3　三步打造持续带货的"会员制"直播　/　296

附录
会员制实战应用工具附表　/　299

附录 A　引流活动策划与执行工作清单　/　300
附录 B　门店会员制运营成长统计表　/　303
附录 C　会员权益体系设计表　/　304

第1部分
会员体系打造与营销实施

第 1 章
在会员招募环节做什么

1.1 架构店铺的会员体系

1.1.1 必须做——目标客户细分

> "成功的团队来自于区别对待,即保留最好的,剔除最弱的,而且总是力争提高标准。"
>
> ——《杰克·韦尔奇自传》

进行线下消费时,我们经常见到门店推行的会员身份有多种可选,以美发为例,就分为剪发卡、烫染卡和通用储值卡;还有一些是按级别高低来划分的,从会员名称上就能看出来,如银卡、金卡、白金卡;对于按时长提供服务的门店,常见的有月卡、季卡和年卡等。

这些会员方案的划分好像特别常见,轮到我们自己为门店设计会员体系的时候,按何种方式划分更合适呢?为什么要进行划分?到底有多少种划分方式?

本章我们主要弄清楚目标客户细分的问题,因为它是搭建会员体系的第一个环节,没有目标客户划分的会员制,会为后续的运营埋下混乱的隐患。

为什么样的客户提供何种服务

不管落地方案中是否存在会员分类,我们都建议门店务必做目标客户细分这一工作,从顾客生命周期的维度来看,每一个顾客的既定路线是清晰的:

非消费者或轻度消费者→普通消费者→超级用户

这一路径又可以具体描述为5个阶段(见图1-1、表1-1)。

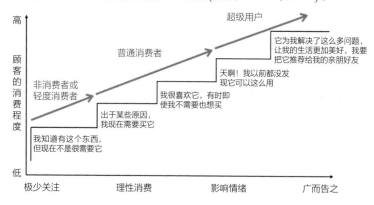

图1-1 顾客消费状态的5个阶段

表1-1 顾客消费状态的5个阶段及对应的营销策略

类型	5个阶段	营销策略
非消费者或轻度消费者	我知道有这个东西,但现在不是很需要它	如何强化印象
普通消费者	出于某些原因,我现在需要买它	如何促进购买
	我很喜欢它,有时即使我不需要也想买	如何调动热情
超级用户	天啊!我以前都没发现它可以这么用	如何传递价值
	它为我解决了这么多问题,让我的生活更加美好,我要把它推荐给我的亲朋好友	如何鼓励分享

试问,我们会对不同阶段的顾客采用同样的服务策略吗?这就好比你对待初恋的方式和行为,一定会与对待婚姻伴侣的行为有所不同,虽然前提都是你深爱着对方,但阶段不同,采取的行动方式和方法就会不同。

如果我们明白这些基础逻辑,就会理解,门店的顾客群体总会基于某些因素进行归类,为了让他们持续地信赖和认同门店,我们应该为不同类型的顾客(或处于不同阶段/状态的顾客)制订对应的服务方案,从而构成会员权益体系。

在设计制定会员权益的前期,我们要弄明白面对的是什么样的客户,这类客户需要何种服务。

> **停下来思考**
> A.如果必须给顾客打折,你更愿意给老顾客打折,还是更愿意给新顾客打折?
> B.在没有折扣的情况下,新顾客更愿意买单,还是老顾客更愿意买单?
> C.我们应该给新顾客和老顾客同样的营销策略吗?

目标客户细分的三种常见标准

门店所属的行业差异以及经营重点差异,使得目标客户细分的标准并不是一成不变的,甚至每一家企业都可能有自己的考虑,但总体来说,进行目标客户划分,一般可以按以下三种标准进行扩展和延伸:贡献度划分、差异化划分以及时长型划分(见图1-2)。

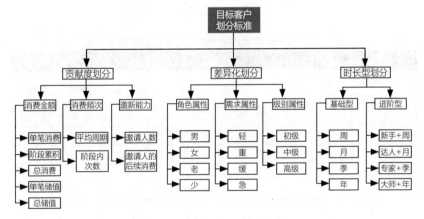

图1-2 目标客户划分的三种标准

(1) 贡献度划分

按顾客对门店的贡献来划分,首先要锁定你最关注的贡献类型。对于贡献度的价值衡量,一般体现在三个方面:消费金额、消费频次、邀新能力。

① 消费金额

图1-3为按消费金额划分的活跃度分析图。

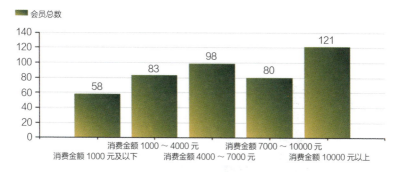

图1-3 活跃度分析（按消费金额划分）

从消费金额角度进行划分，我们通常把支付作为判定标准，具体可细分如下。

- **单笔消费金额**：如果顾客单笔消费金额达到某一标准，我们可以判定出该类顾客对某一消费需求特别突出，依此制订会员服务方案，显然是一种短平快的方式。另外，平均客单价也是用来衡量单笔支付能力的常用数据指标。
- **阶段累积金额**：如果你更加关注顾客的持续消费能力，按阶段考量则至关重要。通过时间粒度的划定，我们可以更快地发现哪些顾客活跃，哪些顾客有点乏力掉队。按阶段消费制定相应的会员权益机制，既能激励活跃顾客多消费，又可以刺激即将掉队的顾客不要轻易放弃马上到手的好处。
- **总消费金额**：这种方式追溯的是顾客终身价值，通常是为了寻找金主级的顾客。
- **单笔储值金额**：单笔储值金额相比于单笔消费金额来说，区别在于预付消费，在后续的会员权益制定上，我们可以重点考虑此类会员已经具备的信任度，以及他们更高的期待值。
- **总储值金额**：我们应该明确储值不等于消费，相比于总消费金额，总储值金额不能直接判定大额金主真的是你的贵客，在对应的会员体系中，要考虑另外一个隐藏的数据——当前剩余未消费的储值金额。

② 消费频次

图1-4为按消费频次划分的活跃度分析图。

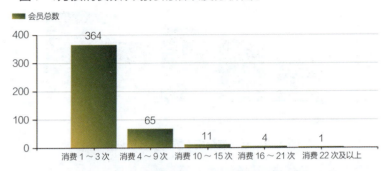

图1-4 活跃度分析（按消费频次划分）

消费频次是活跃度的直接体现，通过消费频次，我们可能没有办法直接判定这些长期回头客给我们的交易额贡献一定很大，但至少说明他们在频繁使用我们的产品和服务，相比于贡献金额，消费频次越高，对门店越有利。

判断消费频次，必须以一个时间段为前提，要明确到某一周期内的消费次数。

③ 邀新能力

邀新能力不是传统意义上的顾客贡献度，但其是当下极其重要的评判因素。获取新客的难度和成本都在上升，门店需要重视老客带新客这件事，并且为此设计相关机制，来刺激、引导并观测老顾客的邀新能力（见表1-2）。

表1-2 邀新能力

推荐层级	推荐数量	获得奖励	推荐人后续消费产生的奖励	推荐人后续消费产生的拉动消费
一级推荐	12	524	3537	34485
二级推荐	78	2852	9705	72870

邀新能力具体表现在两个方面：邀请人数、邀请人的后续消费。根据自己的理解，可以在后续的会员权益中强化对某一重点关注属性的正向激励。

(2) 差异化划分

差异化主要是为了强调会员的个性化差异，比如性别和年龄差异、他们对某些需求的强弱程度、迫切程度的差异，这些差异主要以顾客所感知的效果是强还是弱来区分。我们可以参照以下三个维度进行延伸：角色属性、需求属性、级别属性。

① 角色属性

角色指会员个体的物理型因素，这些因素客观存在，并不具备太多主观上的差别，通俗来讲，我们可以归纳为：男、女、老、少。

男女，对应性别；老少，对应年龄。这是最基础的顾客细分方式，用来衡量你的核心目标客群是什么年龄段，男性居多还是女性居多。

在研讨角色属性时，我们团队有人提出，应当在此分类基础上，加一个其他。当时多数人都很诧异，这世界上的人类，难道不能用男女老少完全概括吗？答案是不能。

其他，是对人性多元化的尊重。早在10年前，谷歌就在海外网页的注册表单中对性别的选项增加了"其他"，意味着作为一个商业机构，接纳非男、非女的群体。

而对于年龄的衡量，生理年龄和心理年龄的失衡问题也应该引起更多商业机构的重视，"其他"类可提醒我们不要使用惯性思维，用自己认可已久的观念解释每天都在发生变化的世界。

② 需求属性

对于需求属性，我们建议大家针对顾客需求的程度来划分：

- 轻，例如预防；
- 重，例如长寿；
- 缓，例如调理；
- 急，例如疼痛。

大家可以按这4个维度画成4个象限，先把顾客的需求分别归类，然后按同样的维度考评自己的产品/服务能够解决问题的程度，需求和供给用不同颜色的饼状图，图形大小代表数值(如数量、成本/利润)分布在4个象限，通过这些我们就能够轻而易举地为会员制定更加有针对性的服务权益。

急象限容易成交，也容易吸引流量；重象限贡献高客单和忠诚度；

轻和缓象限则主要培养顾客黏性(见图1-5)。

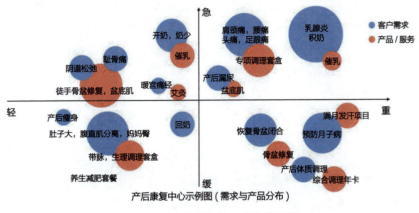

图1-5 客户需求的4个象限示例

③ 级别属性

级别属性在日常生活中极为常见，是指后续推出的会员级别有高低之分。但多数会员体系方案设计的顺序是错的，他们先定义了级别，再来考虑哪部分人会去购买。

我们同样应该先分析自己门店的核心目标客户特征，他们对于级别有什么样的必然需求。

很多技能获取类的服务，都会有新手、熟练、高手级别的划分。比如钢琴培训，你就不能粗放地设置银卡、金卡、钻石卡的选项给所有顾客，而应根据顾客当前的状态，为其推荐最适合的方案(见图1-6)。

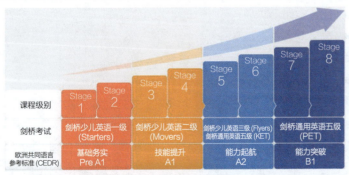

图1-6 在线英语教育级别划分示例

这里的级别属性,并非传统意义上的会员级别的高、中、低档,而是顾客状态的高、中、低档。常见的划分方式有初级、中级、高级。

(3) 时长型划分

按时长型划分目标客户,从而推出的会员制方案,通常体现为"订阅模式"。类似爱奇艺影视会员,用户可以按时长付费,并且订阅后通过支付技术手段,甚至可以做到自动续费。

适合使用此方式进行客户细分的企业,通常存在其产品和服务消费高频化的现象,即用户基于自己的消费场景,比较频繁(以天为周期)地使用某种产品和服务,或者需要一个特定周期完成阶段需求。

划分方式以周、月、季、年为主,适用行业包括健身俱乐部、美容美甲、培训机构、生活必需品零售等,多以服务业为主,逐步延伸至生活用品零售业,例如提供鲜花订阅服务的花加(flowerplus),就推出了每周送1束鲜花的按月订购的服务(见图1-7)。

图 1-7 鲜花订阅服务示例

选用这种方式提供服务的企业,要把服务切入点放在为顾客提供长期稳定的生活习惯或者生活方式的打造上,为其提供长期固定频次的产品和服务,或者某些基础类服务项目可以在付费期内不限次免费享受。

如果你的企业适合按时长型划分，我会建议你接下来尝试把时长型划分方式与差异化划分方式相结合，给顾客制定一个阶段性的目标，然后为其提供进阶的会员方案。

例如，差异化划分为新手、达人、专家、大师，时长型对应周、月、季、年，也就意味着月卡也可分为初级选手、高级选手，在用户选择时，配合服务的权益差异，带给他更贴心的体验。

案例分析：海底捞会员体系

海底捞的会员体系，在对目标客户细分的方式上，选用的是贡献度划分，他们更关注的是顾客是否能够频繁到店消费，至于你消费的金额高低，则是次要考虑的因素。

从会员体系反推目标客户的划分，能帮企业再次确定会员经营的侧重点，虽然我们希望顾客既要经常到店，还要高额贡献，但总会有个偏重，你对顾客价值的关注，是放在金额？还是放在频次？又或者放在推新能力上？

回到海底捞的案例，他们锁定的价值偏重首先体现在消费频次，其次是阶段消费金额，简言之，即消费者的进店频繁度。

(1) 海底捞的会员等级

海底捞的会员等级按星级来划分，共5级，以一星会员到五星会员(见图1-8)。

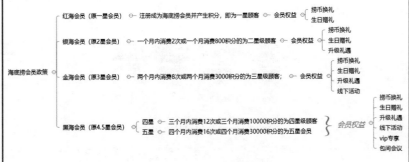

图1-8 海底捞会员等级

注：该案例思维导图由梦自达科技会员体系设计师李奎位整理。

- 一星会员，指的是免费注册的顾客，并且产生了积分；
- 二星会员，指的是一个月内消费2次或者一个月消费累计800积分；
- 三星会员，指的是两个月内消费8次或者两个月消费累计3000积分；
- 四星会员，指的是三个月内消费12次或者三个月消费累计10000积分；
- 五星会员，指的是四个月内消费16次或者四个月消费累计30000积分。

在海底捞会员等级体系中，级别越高，权益越优厚，从利益角度刺激顾客希望得到更高级别，以及不希望自己下降到更低级别。没错，除了升级规则，海底捞也匹配了降级规则，按顾客最后消费日计算，如果连续6个月内无任何新消费，则自动降级，以此类推。

2019年，海底捞更换了自己的会员系统，会员体系的规则也相应地做了调整，引入了一些新的名称和概念，在降低顾客理性感知的同时，再一次强化了商业逻辑中对会员价值贡献度的重视程度。

例如，原本按星级划分的会员名称，更换为红海会员、银海会员、金海会员以及黑海会员，从顾客感知层面，直接削弱了理性比较，你很难直观感受出当前所在的会员级别名称的高低。然后，把积分换成了捞币，更具个性化，也试图去摆脱大众对积分广义上的理解。最后，会员升降级的条件，从原来直接判断消费频次和累计积分，变成对成长值的考评，成长值以6个月为周期，根据消费获得的捞币数和到店次数计算总分，相当于直接把频次和贡献金额这两个价值属性综合起来计算。

操作示范：如何运用会员系统制定海底捞的会员升降级规则

（注：操作示范采用梦自达会员系统。）

第一步，在会员级别中，创建5种会员，分别命名为"一星会员""二星会员""三星会员""四星会员""五星会员"（见图1-9）。

图 1-9 创建 5 种会员

第二步,设置会员升级规则,以累计消费积分为升级条件,例如一星会员,一个月内累计积分800分,自动升级为二星会员(见图1-10)。

图 1-10 设置会员升级规则

第三步,设置会员降级规则,例如,五星会员,6个月内没有产生任何积分,自动降级为四星会员,系统于每月1日进行自动统计,自动完成(见图1-11)。

图 1-11 设置会员降级规则

本节重点

划重点

① 做会员方案前,最重要的是对目标客户进行细分,我们需要针对不同类型、不同特征的客户,制定有差异化的会员权益体系。

② 目标客户有5个状态,并且它们的递进关系刚好是从陌生顾客到超级会员的5个阶段:

- 我知道有这个东西,但现在不是很需要它;
- 出于某些原因,我现在需要买它;
- 我很喜欢它,有时即使我不需要也想买;
- 天啊!我以前都没发现它可以这么用;
- 它为我解决了这么多问题,让我的生活更加美好,我要把它推荐给我的亲朋好友。

③ 体现顾客贡献度的指标除了消费金额,还需要关注消费频次和邀新能力。

④ 顾客差异化是目标客户划分的最直接因素,他们因其角色差异、需求差异以及当前状态和级别的差异,直接决定了各自需要的(或者适合的)会员方案是完全不同的。

⑤ 按时长来划分会员方案通常受限于其所处的行业,但在单纯的时长方案上,我们可以考虑加入不同级别。

留作业

① 按照顾客消费状态的5个阶段划分,统计出目前自己的客户中,哪些属于普通消费者,哪些属于超级用户?

② 你的产品和服务是为了解决顾客的哪些需求?试着按"轻重缓急"把需求进行归类。

③ 你适合哪种目标客户划分的方式?试着列出适合自己企业的会员分类名称。

1.1.2 重头戏——设计会员权益体系

"不要过度承诺,但要超值交付。"

——戴尔

几乎在所有的会员制体系中,关于会员权益的设计都被视为最关键的因素,而我们对于会员权益的认知,大多停留在优惠让利方面。

门店实施会员制,应该从顾客角度出发,哪些会员特权是顾客特别在意的,哪些福利待遇能够吸引和鼓励顾客决定办卡入会,哪些游戏能让顾客长期锁定本店重复消费,这些都应该放在会员权益体系的考虑范围之内。

从最终目的来讲,我们希望通过会员制的运营,为门店打造一个属于自己的私域流量池,能够留住顾客,锁定长期重复消费,然后通过老会员带动新会员实现低成本获客,而这一切的起源,都应该从设计一个适合自己目标客户特征的会员权益体系开始。

本节内容重点剖析会员权益体系的构成,从三个方面进行阐述,帮助门店运营者找到设计会员权益体系的方法和依据。

会员权益的三个原则

(1) 吸引成交

对会员制整体方案来说,会员权益就像是商品的独特优势与卖点。我们需要把会员卡(付费成为某个会员资格)当成门店的一项商品,通过会员权益的设计,打动目标顾客,让他们对会员资格买单。

事实上,我们确实应该把会员方案作为一款商品对待,单靠会员制本身实现持续盈利的案例比比皆是。

一款商品想要变得出众,吸引消费者购买,它的独特卖点应该直接呈现让人无法拒绝的价值,会员权益也可起到同样的作用,你为会员身份赋予的这些特权和福利,是顾客买单的第一因素,如图1-12所示。

(2) 锁定消费

消费者成为会员之后,他们可以持续获得不同方面的好处和价值,这些价值本身会锁定顾客长期在本店进行消费,锁客也是会员制模式的最核心属性，如图1-13所示。

图1-12　100元购尊享版集享卡

图1-13　不同类型的免费、抵扣特权（分摊到每个月使用，持续刺激消费行动）

（3）培养忠诚度

会员权益不是一成不变的，不仅要不断调整优化方案，还要不断调整单个会员的服务体验。会员制的目的是服务每一个会员，它更强调个体差异，所以，当你的会员权益让越来越多的顾客感到舒适且不断升级时，他们对企业或品牌的信任感和归属感就会随之加强，这批用户将会发展成忠实顾客。

会员权益的八大类型

会员权益应根据消费者的消费需求和消费心理进行设计，这就意味着我们需要考虑尚未入会的潜在顾客有何种心理反应，同时要考虑入会不久的新人能够得到什么样的对待，还要进一步思考老会员能从中获得哪些不一样的价值（见图1-14）。

图1-14　会员成长周期

从顾客成长角度来说，会员权益要体现从初期到成熟期的方案配比，具体可体现在以下8个方面。

(1) 入会特权

对于入会特权，需要重点关注的是准会员的消费心理变化。顾客对门店的感知，会表现在两个方面：信任度和行动欲望。新人在入会初期，信任度相对来说最低，采取后续消费行动的欲望也不高，这时候我们就需要针对低信任度的群体，设计出能够提高他们行动意愿的特权。当会员的信任度提高之后，我们就可以尝试一些对他们来说行动意愿稍低，但对企业更有利的措施(见图1-15)。

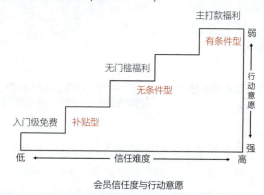

图1-15 会员信任度与行动意愿

在此前提下，入会特权的类型就可以按信任度与行动意愿两个维度从低到高进行划分，分别是入门级免费、无门槛福利以及主打款福利。

① 入门级免费

入门级免费，指的是新人入会，可以享受店内最基础、最入门的服务项目或产品的免费体验特权。比如入会即送XX服务1次，或者入会即可获得XX商品1个。

免费的福利，刚好应对新人对企业或品牌认知初期的防御心理，他们将会逐渐放下"被套路"的担心，免费获得第一次的体验。

免费福利的作用就是降低消费心理防御，把消费者的低信任度弱化，这是一种补贴型特权，商家需要自行承担这部分特权的成本。

在此之后，我们需要尝试让新会员开始行动。与信任度的提升一样，新会员主动采取消费的行动意愿仍然是最低水平，为了让他们尽快开始第一次消费，这时候我们推出的入门特权叫作无门槛福利。

② 无门槛福利

无门槛福利，就是把限制条件如满多少元才可用、必须消费某个项目才可用等去除，让会员随意消费，直接抵扣。从消费心理来说，如果我们在某家企业办了一张会员卡，给的代金券一上来就是必须消费满500元可用，这种"套路"感又会油然而生，刚刚才建立的信任度一下就回到了原点。

无门槛福利重在鼓励初期消费，金额可以不大。再往后，当消费者有了信任认知和初期消费行为之后，我们需要让他们尽快知道，本店除了这些基础且便宜的服务项目，还有一些特色产品或者价格偏高但品质更优的产品及服务。此时，第三个特权类型就派上用场了。

③ 主打款福利

主打款福利，让新会员获得尝试高单价消费的机会，比如招牌菜的代金券，或者至尊款的折扣券等。

通过信任度由低到高的引导，以及行动意愿由低到高的拉动，新人逐渐进入状态。这就是我们设计入会特权或者新人入会礼的指导原则。

(2) 消费特权

在会员权益体系内，常见的消费特权有以下三类：会员折扣模式、会员价模式以及会员特惠模式。

① 会员折扣模式

会员折扣模式，即不同级别的会员享受不同的折扣，一般来说，会员级别越高，折扣越低，比如银卡享受9折，金卡打8折。

折扣模式是消费特权最早出现的形式，也是被广大消费者普遍接受的模式。优势是认知度高，高级别会员的黏性高，因为存在折扣特权，会员不容易流失。但劣势也比较明显：首先折扣必须统一，如果店内品类较多，且商品和服务的标准不一，很容易出现部分品类毛利率偏低的情况；其次，打折的形式会拉低品牌的调性，让消费者认为市场价是虚高的，折扣越大，越容易觉得商家的坑深。

② 会员价模式

会员价模式指的是商品或服务单独定价，没有固定折扣，非会员一个价，会员一个价。

这种形式比较常见，大型超市中随处可见，零售型门店用的最为普遍。会员价模式的优点在于能够直接体现会员的特权，如单品的价格。对商家来说，可以根据不同品类的成本制定灵活的会员价，定价策略更灵活，无须受限于固定让利的比率。

会员价模式同样也有缺点。首先，价格区别对待，非会员的消费体验会变差，不过只要配备了相应的引导入会的机制，这一劣势反而能发挥积极因素。其次，对商家来说，如果品类过多，定价工作就会非常烦琐，你需要不断调整产品结构和定价策略，这对于缺少系统工具的中小型门店，灵活度反而成了负担。

③ 会员特惠模式

会员特惠模式指的是不直接进行减价让利的其他类型特权，比如派发代金券或折扣券，或者包邮、免配送费，也有类似于会员专区的操作方式(见图1-16)。

会员特惠模式在品牌意识较强的门店中较为常见，它帮企业规避减价、打折等方式对品牌价值认知的伤害，尽力做到价格坚挺的同时，还能够为会员提供不同程度的特惠。

优势在于福利可以多样化，给会员的体验感更加丰富，并且让利成本非常可控，甚至可以借助系统工具很轻松地获得投入产出比的确切数据。劣势在于门店很难把控对福利价值的感知，如果给的特惠力度不够，很容易造成会员能感知到的实惠不足，觉得你的会员价值太低，入会没什么意思。

这三种消费特权最为常见，但无法直接对比它们孰优孰劣，门店经营者可根据自己的经营情况，结合上述对优劣势的分析，寻找适合自身情况的特权方案。

图 1-16 京东 plus 会员（享受免运费特权）

(3) 储值特权

当企业需要采取储值策略时，需要对储值活动的具体规则进行策划，常见的是充值返赠活动，但如果你认为传统意义上的充值返赠有局限性，可以参考以下几种组合类型。

① 储值返储值

这是一种传统的储值返赠模式，充送立即到账，比如充200送20，充500送50等，也有升级玩法，即充送定期返，比如充500送500，但所赠送的部分并非直接到账，而是每月返50，分10个月返完。

升级玩法之后，其在活动力度的感知上，以及拉长消费时长方面效果会更好。

除此之外，还可以借助软件工具实现小额动态储值，即根据消费者本单消费金额，动态推荐离该金额最近的充送条件。例如本单消费180元，自动推荐的充送规则是充200送20；本单消费360元，自动推荐充400送40。小额动态储值玩法有两点好处：第一，小额充值，顾客的付费压力低，只需多付一点点钱，就可以立即获得返赠优惠；第二，充送的比例可以相对固定，不用金额越大送的越多。

② 储值返积分

与储值返储值规则类似，充1000元，卡内得1000元余额，但额外返1000积分。这样的做法是为了规避充钱返钱的变相打折，返积分的话，给会员的感觉是充值并没有直接打折降价，而是通过获得额外积分的形式，享受到其他更多的优惠类型。此时就需要配合积分的使用价值，来强化不降价的品牌调性。

③ 储值送券。

充1000元，得1000元，额外再送不同主题的优惠券，比如现金券，每次消费的时候可以无门槛使用，也可以设置满多少额度方可抵扣，更可以指定在消费某项目时使用。除了现金券，也可以是某种消费的免费券或者折扣券等。

④ 储值抽奖

充不同额度，可以获得不同次数的抽奖机会。利用抽奖的随机性和人人都想中大奖的心理，制造出一种相对劲爆的充值力度，如充值抽iPhone，不限金额！

⑤ 多方式结合

结合上述方式，可以组合出多重奖励刺激，比如充值即返储值，还送积分、优惠券，更可以参与抽奖，一般这种规模的活动适合在重大节日或庆典时推出。

(4) 积分特权

在考虑会员权益体系中的积分特权时，需要先梳理积分的来龙去脉。比如积分如何获得，比例怎么定，积分可以兑换什么，积分如何消耗和管控。

一般来说，积分特权的设计原则遵循以下4个步骤。

第一步：积分来源设计。

常见的积分来源有以下几类，比如消费可以获得积分，签到可以获得积分，推荐新会员可以获得积分，参与线上的任务也可以获得积分。

积分对应的是消费者的行为，你期望消费者进行什么样的行动，就为这些行动设置奖励规则。

第二步：积分比例设计。

其涉及两个方面的比例，分别是消费得积分的比例和积分兑现时的比例，比如消费100元，可以获得1：1的积分，这是消费得积分的比例。当会员手中积分累积多了，需要去兑现时，也要提前设计好多少积分可以当多少钱来用。

积分比例的设计依据需综合考虑自家利润空间和让利意愿。

第三步：积分兑换设计。

会员有了积分，可以用来兑换礼品，兑换成消费券，或者兑换成卡内的储值余额，甚至直接在消费时抵销现金，如果对接了线上平台，通过消耗积分还能参与抽奖活动。对于会员老带新的推荐积分，可以设置提现比例，让老会员直接提取现金等。

只有给积分设置丰富的价值感知机制，才能够强化积分在会员权益中的重要性。

第四步：积分清零。

积分清零的目的是筛选和甄别活跃会员。一般有两种清零方式：定期清理，比如每年6月30日，或者每年12月31日清零；阶段清零，只清除某一时刻前未消耗的积分。

配合积分兑换的计划，积分清零可以作为淡季带动返店回流的常用方式之一。

(5) 生日特权

生日特权最为特殊，同时最应该被实行会员制的企业重视。相比于其他节假日，生日对消费个体来说意义更大，是直接作用于本人的特殊日子。

从心理学角度来讲，每个人都喜欢收到生日礼物的感觉。所以对生日特权或者生日营销来说，是否能够触动会员的关键点就在于你的生日特权中有没有生日礼物。

常见的生日营销，多数是发短信，然后告诉过生日的会员，生日当天或者生日当周、当月，到店消费可以享受什么优惠。也有不少商家通知过生日的会员，到店领取生日礼品。但从商家角度来看，此类活动的商业目的太过直接，会员很容易就会意识到，你在我生日时搞的这一系列小动作，只是为了让我多花钱。

我们应该意识到，生日既然是会员本人最为特殊的日子，那么设置生日特权时，商业促销就应该次于提升顾客的忠诚度和感动度。

会员制的核心在于企业和会员之间建立人格化的关系，建议门店参考生日营销三大神器：

- 礼物(我能得到什么)；
- 特惠(我能优惠多少)；
- 特权(我和别人有何不同)。

对于礼物，一定要最大限度地确保会员能够拿到。首选是邀请他到店领取，如果不来，可以考虑亲自送上门，或者邮寄。在这一天，你能采取这样的行动，会为顾客感知加分。

特惠和特权可作为标配，但不要放在生日特权的首要位置。

(6) 会员日特权

对于门店，会员日的作用非常直接，就是造节。不管你能制造多大影响力或者多大规模的节日效应，至少在自己的会员圈子内，形成印象和习惯。

其常用的方式有两类。

① 特定日期型

特定日期，比如设定每月几日或者每周五为会员日，变形的玩法还可以是每月逢几日为特惠日，比如德克士的每月8日、18日、28日，或者可以拉长节日气氛的时间范围，每年的几日到几日，比如京东"618"，天猫"双十一"，虽然是特定的一天，但活动变成了狂欢节，前后一周时间都可参与。

② 多元主题型

多元主题，比如结合应季热点的会员主题日、法定假期、二十四节气或者春夏秋冬四季，都可以作为具体的主题；结合热点事件做临时型主题日，比如高考季、开学季；或者结合会员属性，比如药店推出的糖尿病会员日以及三高调理会员日。

先选好日期或主题，再来考虑会员日中的具体福利方式或者促销方式，可能更容易一些，当你有多主题的会员日时，完全有机会测试不同的促销组合，从而筛选更有效果的方案，并固化下来。

(7) 差异化软性服务

会员相较一般顾客，本身就是一种差异化。若希望通过会员制锁定顾客，就应该在上述福利性特权之外，考虑更多精神层面或者体验感知层面的差异服务。

这种差异细分为与散客的差异、与同行的差异以及会员级别之间的差异。

爱去网吧玩游戏的年轻人应该都知道，网吧有一个常见的行为：大喇叭或者每台电脑的公告上，会公示出当前一号机使用者是英雄联盟某某区的某某玩家。网吧通过简单的行为，将你在游戏中的地位，拉到了现实生活，让你感受到与众不同的待遇，这种归属感或者尊贵感很容易让消费者产生良好的心理诉求。

在差异化软服务的设计上，有几个通俗原则：

- 人无我有；
- 人有我优；
- 以会员为主体；
- 感知最大化。

(8) 个性化定制服务

对于一般门店来说，个性化服务是最难实行的特权类型，正因如此，这成了你与同行差异化的切入点。

① 服务计划

此类属性，可以归结为服务计划，即针对个体差异，提供不同的服务方案。比如，从事皮肤管理的门店，可以根据每位顾客的皮肤情况，量身定制后续的服务方案；美发沙龙可以根据顾客本次做的项目和自己的发质、外形气质以及职业属性，量身定制后续的服务方案；健身中心的顾客身体情况也具备个性化，健身计划可以归为私人定制服务。类似地，还有餐厅的膳食计划，健康行业的康复计划等。

② 专属计划

除此之外，能够体现私人定制属性的方式，还可以是专属的标识，比如俱乐部会员达到某种程度后获得的徽章，或者对某个商品、服务的命名权，甚至把会员的肖像、寄语用于正向的展示，等等。

美国有家魔鬼道格斯热狗店，就为会员提供热狗的命名权，iPad在上市不久，就支持为顾客提供免费的激光刻字服务，这些行为都可以强化顾客私人专属的感知。

案例分析：德克士会员权益体系

德克士的这套会员权益体系完全遵循并实现了我们所提到的三个原则：吸引成交、锁定消费、培养忠诚。其通过强化消费特权的规则设计，率先实现付费会员制，如图1-17所示。

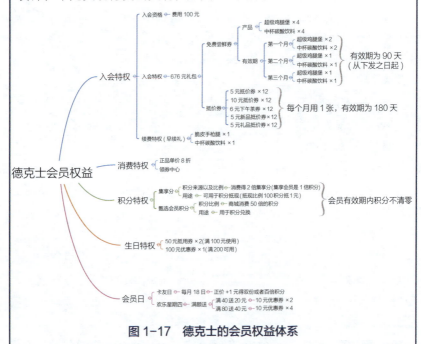

图1-17 德克士的会员权益体系

注：该案例思维导图由梦自达科技会员体系设计师李奎位整理。

第一，在吸引成交方面，直接呈现价值，顾客付100元，得676元。

第二，遵循"行动意愿与信任程度"的关系属性，抛出打消新人顾虑的政策：办卡即得4个免费汉堡和4杯免费饮料，外加本次可用的现金抵扣券。

第三，在话术上，呈现出本次消费可用的超值感："您刚点的商品中汉堡和饮料直接免费，米饭套餐和其他小吃也能直接抵扣。"

通过规则设计和话术设计，现场的效果就是对每一个客人的本次消费来说，付100元办卡更实惠，并且当场就能兑现福利，有免费的，有抵扣的。这种策略极大地提高了散客转会员的积极性，在这一会员权益体系上线后不久，德克士店内排队点餐的客人中，非会员已经成了少数。

在锁定消费这个层面上，也可进行有针对性的设计，5元券、10元券、下午茶6元券、新品5元券、礼品5元券等每月1张，外加生日当月1张50元券和1张100元券，这些券的价值组合起来就达到了600多元。

因为你已经为此付出了100元会费成本，而想省回来并且赚回来的唯一选择，就是每个月尽量把这些券用掉，这样一来，基本上就锁定了一年的消费频次。当然，这并不是全部，他们考虑到了你把优惠券全部用掉之后可能不再来消费正价商品，于是告诉你，单点还能享受85折。

最后，为了让你长期留下，成为忠实会员，还要给你一个续费下一年会员的更大优惠，第二年仅需31元！

操作示范：如何用会员系统实现德克士每月1张、有效期各不相同、适用范围各不相同的抵价券

（注：操作示范采用梦自达会员系统。）

第一步，制作电子优惠券，分别把5元券、10元券、下午茶券、新品券、礼品券、生日券的规则设置出来，如图1-18所示。

图 1-18 制作电子优惠券

第二步,关联会员办卡的新人入会礼规则,如图1-19所示。

图 1-19 关联会员办卡的新人入会礼规则

第三步,顾客在线申请办卡,付费成功,自动发送,如图1-20所示。

图 1-20 顾客在线申请办卡

本节重点

划重点

① 会员权益是指会员卡赋予顾客的特权,除了常规理解上的让利、优惠,还有多种维度,包括软性福利。

② 会员权益的三大作用:促进成交、锁定消费、培养忠诚。

③ 会员权益的设计,不能只考虑如何吸引顾客入会,还要兼顾不同阶段顾客的需求与特征,例如刚入会的顾客,通过什么调动他们多次消费;入会一段时间的顾客,通过什么锁定他们务必到本店消费(而不是转投他店);跟随已久的老会员,通过什么可以更加忠诚,并与新人有明显的特权区别。

留作业

① 根据顾客的信任—行动关系,按照入门级免费、无门槛福利、主

打款福利,设计出自己的新人入会特权。

② 根据自己顾客的情况,列出能够吸引他们,并刺激反复进店的常规消费特权。

③ 组织店铺全体工作人员讨论,确定三个本店与同行的差异化服务点。

1.1.3　易疏忽——会员权益的后端链条设计

"论事不可趋一时之轻重,当思其久而远者。"

——清·陈宏谋

对大多数实体企业来说,会员体系的搭建基本就停留在对会员权益的设计上,因为顾客更在意权益的部分,他们决定办卡入会,多数是因为可以获得丰厚的权益。但我们想要的并不仅仅是让顾客简单获得一大堆福利特权,而是通过完整的会员体系留住顾客,使其持续消费。完整的会员体系包括权益内容的设计和后续价值的挖掘,后者往往容易被忽略。当企业费尽心思策划出丰富的会员权益后,可以更容易地说服顾客入会,但如果没有所谓的后端链条设计,就只能被动等待着已经成为会员的顾客自愿自发地持续消费。我们需要做更多的设计,来促进会员更多地作出我们期待的行为,这些行为通常等同于他们为企业带来的价值。

企业费尽心思让顾客成为会员,然后就只能被动等待着他们乖乖持续付费吗?我们需要做点什么,来促进会员更多地作出我们所期待的行为,这些行为通常应该等同于他们为企业带来的价值。

会员价值,主要体现在持续消费以及介绍新人两大层面,在会员体系的后端链条设计中,我们需要针对这两方面,分别制定能够让顾客"多进店"的黏性机制,促使顾客"多付钱"的升单机制,鼓励顾客"老带新"的裂变机制。

"多进店"的黏性机制

有没有一种可能,让顾客办卡入会之后,非常确定他将在接下来的短时间内(例如一个月内)多次进店光顾？如果我们设计的会员权益规则可以做到这一点，这无疑对锁定顾客消费、减少顾客流失并且对后续的成交有积极的推动作用。

如果你希望在顾客成为新会员之际就将其锁定，那么你应该做的就是在会员体系的后端链条设计中，把黏性机制考虑在内。

我们希望顾客经常到店，并且多次购买产品，他们喜欢我们的产品，并因此经常在某些场合想到或者提起我们。黏性机制的设计核心原则就是提频，创造更多顾客和你接触的机会，顾客才有更多再次消费的可能性。

(1) 黏性表现特征

① 多次进店

提频(增加顾客与企业接触频次)的最直接表现，就是多次进店，对于生活消费类门店来说，能够让顾客每天都进店无疑是最佳状态。但其他行业未必有如此高的进店频率，我们需要针对自己所属的行业特征以及客户的消费特征去思考，顾客会因为什么提前进店？

停下来思考

顾客会因为什么原因决定提前进店？

A.到店免费领　　B.有优惠活动　　C.必须进店才能享受该服务

D.喝茶聊天　　　E.其他

服装店为了让顾客确保每月都进店，针对付费会员推出每月免费到店领一双袜子的活动。他们认为增加"多次免费"的福利特权，就能够提升顾客的进店概率。如果你的门店也可以做"多次免费"的高频福利，此类会员规则就是你率先考虑的方式之一。

快餐店希望他们的会员每个月能进店3次以上，针对会员推出了"会员日"的计划，每月8日、18日、28日，会员可以享受"加1元买一送一"的超级优惠。

除了免费领取、超级特惠之外，还有别的什么因素能够增加顾客的进店次数吗？比如在服务方面，你所在的行业是否存在一些服务形式，可以让顾客多次进店享受？或者在社交方面，你的会员俱乐部有没有可能定期组织线下见面的活动？

按此思路，你会找到属于自己的提高进店频率的会员机制，如果你实在找不到类似的方式,也没有关系,可重点考虑上面提到的"高频福利"。

② 多次购买

多次购买就比多次进店更进一步,也对行业以及产品属性的依赖更强,比如你从事汽车销售,就很难指望顾客多次购买汽车。想让顾客多次购买,除了你的产品具备天然高频属性,我们也可以设置一些活动规则,来增加顾客的购买频次概率。

有一家奶粉连锁店,主营婴幼儿奶粉销售,同时搭配其他母婴用品,他们有一个经典的"多次购买"权益——每周六定期推送3天有效期的产品抵扣券,也许你的奶粉还没有喝完,但本周你得到了其他品类的抵扣券,并且有时效限制。或者即便奶粉没喝完,碰到不可错过的奶粉抵扣资格时,同样会有会员"囤货"。

瑞幸咖啡在市场补贴阶段,为了提频,也会自动给会员(在近期有过消费)赠送折扣券,有些是限3天内有效,有些则是更短期的刺激,例如"今天周五,送你一张3.8折券,仅限今天使用"。

所以,针对多次购买的场景,高频福利机制大多为"多次抵扣",会员手中拥有不用就作废的优惠特权,并且你能够通过适当的提醒通知方式向他提起、让他记得这件事,这本身就对其消费心理有刺激作用,多次购买的概率就从入会之初得到了有效加强。

除此之外,我们还可以为会员定义明确的消费场景,比如以前日用洗化产品是不分男女的,但如果你希望顾客可以增加购买,你就要想办法为其定义明确的场景,如女士专用、男士专用等。不仅如此,还要分年龄段,如中老年、婴幼儿等。牙刷厂家甚至在包装和广告中多次强调,专家建议大家三个月进行更换。

很多人对干脆面有深刻印象,每一包面中都可以随机得到一张卡片,然后,就有大批顾客陷入了集卡游戏无法自拔。从消费心理来讲,收集癖是让人难以抗拒的欲望和诉求之一。我们能否针对自己的服务特色,推出类似"集卡"的机制?

③ 多次使用

多次使用是判断超级用户的一个重要标准,购买量大的人不一定是你的忠实用户,很多人喜欢买很多东西,但从来不用(几乎每个人身边都有这样的朋友,家里堆着很多未拆封的网购产品,直到过期)。但如果一个人特别频繁地使用你的产品,那么他就离超级用户不远了,我们同样可以通过会员的权益机制,增加顾客的使用次数。

比如打卡。"我正在XX英语练习口语,已经坚持32天","跆拳道家庭练习第7天,小宝已经可以完成后旋踢"……

某空气净化器为了鼓励用户经常开机使用(从而加速滤芯的消耗),会在其APP中体现"您已累计净化空气XXX小时,相当于为您输送了XXXX节复兴号车厢的新鲜空气"。

如果你想鼓励会员尽可能多地使用自己的产品/服务,就要想办法不断地强调一个累积递增的印象:我正在某条道路上变得越来越好,还因此打败了99%的同类人。

④ 心智占有

心智占有是任何品牌或者企业的终极目标,自己在某一领域直接占据顾客的大脑,就像我们一提到吃火锅,首先想到海底捞。让顾客在一些特定线索提示下率先想到自己,就叫作心智占有,当然,对中小型实体企业来说,尤其是在并未将品牌建设列为重点工作时,想做到心智占有很难。

想实现心智占有,就要先为顾客定义"线索"。在什么样的前提下,自然而然想到你?比如怕上火,就喝王老吉/加多宝;困了累了,喝红牛。我们要先确定这个前提线索,我的产品或服务可以在哪些方面为顾客提供独到的价值呢?

想实现心智占有,你可能需要更关注个人魅力的塑造。我有一个同事,每天中午吃饭的首选是固定的店,因为那家店的老板娘风情万种,不算漂亮,但很有魅力,有小小的文身,似露非露,衣服很有风格,且每天都不重样,她还大大方方地跟顾客聊天,不像生意关系的那种……后来,一提起吃午饭,我这位同事的脑子里,就是老板娘的身影。

强调个人魅力,就意味着你的店里要有比较鲜明的人格特征,可能聚焦到某一个人,也可能全部的人员都是一样的风格。也就是说,你或许应该抛弃客气礼貌三件套：微笑、问好、露牙龈。强调个人魅力的门店，多数都能成为网红店，因为他们说"人话"，开得起玩笑，经得住"调戏"，如果再加入一点特立独行的价值观，那就相当完美了。

想实现心智占有，你也可以考虑"傍大腿"，比如你本身不是一家网红店，但你店里经常有网红出没，在里面拍视频、做直播，你的店就成了网红店。或者你并没有取得哆啦A梦的官方授权，但你的店里充斥着各种与哆啦A梦有关的蓝色氛围，你也会被人牢记。

蛋糕房推出某款蛋糕时，一没背景二没品牌，这款新品该如何打动消费者呢？聪明的做法：在产品中加入奥利奥、养乐多、哈根达斯……

"傍大腿"是一种讨巧的做法，个人魅力是一种需要精心策划的做法(除非你天生丽质)，定义线索强化印象需要配合有创意的做法……但不管怎样，心智占有需要你长期重复地坚持输出某种稳定的形象，并且可以肯定的是，品牌并不是只有大企业才可以做的，小门店的心智占有，就是品牌化开始的。

(2) 提频策略设计

消费频次低，表现在两个方面：价格属性和产品属性。

- **价格属性**：价格高，对用户来说，他的购买决策成本非常大，从而导致消费频次低，比如购买汽车、房产、保险等。
- **产品属性**：本身不属于易耗品或用户需求频次本来就低，他们的消费频次自然也会低，比如羽绒服、电视、冰箱等。

针对这种天然属性，我们需要做的提频设计策略是：拆分和周边。

拆分是指产品和服务的细化分解，把价格高的产品进行切割拆分，拆出来适合做引流以及高频消费的低价格产品，这也是为什么购房购车都推出"首付+分期付"的方式，你在电商平台购买大额商品时，还能经常看到"6期免息"等活动，就是为了尽可能地把价格因素导致的决策成本降到最低。

火锅店的菜单，为了让顾客吃得完、尝得多，把一份菜量拆成可以点半份，会明显增加顾客的点单量。

除了产品服务的拆分，我们也可以把一个人的低频需求进行拆分，变成多个人的低频需求之和。比如亲情账号，一人充值，全家使用。

周边是指在用户的核心需求基础上，衍生出其他周边关联的增值服务，比如购买商业保险，一般一年交一次费，在一年中顾客很难找到再次跟保险公司打交道的机会(除非有出险理赔情况)，那么保险公司就可以开发大量免费赠险，结合各类场景，通过APP、微信增加与用户接触的机会，比如雾霾防癌、加班猝死、春运出行意外、幼儿感冒门诊等微量级险种，结合场景与热点，在增加频次的过程中，增加话题以及对外传播的机会。

为什么信用卡用户绑定微信之后，每次刷卡消费都会通过微信发送消费通知，并且还要赠送一次抽奖机会？目的就是如此。在顾客的核心消费场景上，衍生出周边可交互的接触机会，多次与他们发生接触，可以增加后续的互动机会。

对于任何门店，除了线下的消费场景，能否与会员关联线上的互动关系，以服务通知、消费提醒、赠券、游戏、福利、送券等主题，增加与顾客的互动频率呢？答案是肯定的。

黏性机制的核心在于多次接触，它并不一定要作为一条单独的会员政策存在，但你在设计会员体系的过程中，应该考虑并审视是否顾及黏性机制，它的存在为我们的会员制度增加了成功运转的必要前提以及衡量效果好坏的关键标准。

"多付钱"的升单机制

不少实体企业仍然遵从这样一种商业逻辑：消费者会先选择通过低价格消费对门店进行考察评估，以决定是否继续进行高价格消费。我们暂且不评价该逻辑是否科学或者正确，但至少应该意识到，"低价引流—消费体验—尝试高价消费"这条线对现如今的实体经营局面来说，太长了，长到我们甚至等不到顾客决定花大钱的那一天。

所以，在会员体系中直接体现升单机制，对刺激消费额、提升营收来说，显得至关重要。

在设计升单机制时，我们可以将主要目标锁定在"提升金额"，以此来反推，哪些权益的规则或福利的玩法，是可以刺激会员提升客单价的。下面列举常见的升单方式，并逐一分析这些方式在会员体系中如何产生作用。

(1) 终身只有1次的特权

从稀缺性和高价值属性来讲，当会员获得终身只有1次机会的"超级"特权时，他们会更加珍惜，对该特权的使用率也就更高。

通过无法拒绝的福利，让会员在入会初期就能够和店内的"镇店之宝"、门店内高价格的产品或服务有一个近在咫尺的消费机会，而对其他顾客来说，价格不变。此时的福利特权就显得极为诱人，加上每人只有1次机会来享受该福利，就为你赢得了让顾客体验高品质、高价格产品的机会。

但如果会员体系内并不具备此类具有升单属性的特权，他们很可能不会那么快就开始考虑要不要花更多的钱去尝试一下这些产品。终身只有1次的特权机会，即便是更低的价格，也好过顾客不敢购买。

如果你担心这类高价格(通常意味着高毛利)的产品通过让利特权的方式给了会员，会减少他们下次消费的概率，那就接着往下看，给他们没那么"劲爆"但同样很超值的、可定期获得的特权。

(2) 定期获得的特权

比如会员每周、每月都可以自动获得一些不同主题的消费特权，此类消费特权与终身只有1次的特权相比，可能没那么优惠，但相比于正常消费，已经显得足够超值。

你用少量稀缺的特权吸引用户体验更优质的产品或服务，一旦让他们搜查出更好的东西，他们的欲望和需求层级就会不由自主地提升。爱喝茶的人经常说，如果你喝惯了好茶，很难再买便宜货。

但更优的产品意味着更高的价格，当顾客面对高价格时，决策成本也随之升高，所以，仍然是针对此类产品，我们建议为会员设计定期获得的特权，来持续地刺激他们对更好产品的消费欲望。

另外，值得注意的是，这些特权在定期获得之后，一定要确保有时效性，虽然你定期可获得，但如果不尽快做决定，这一周期内的特权将会过期失效。

(3) 身份专享的特权

如果说前两类特权是围绕高价格产品设计的特权类型,那么身份专享的特权则放开到了更宽泛的消费范围,甚至可以基于你门店全场消费的组合来进行。针对会员的身份,提供专享的消费选择,例如会员专享套餐。

套餐的组合被认为是提升客单价最有效的手段,而基于会员身份专享的套餐,又在此基础上增加了稀缺性属性,把会员套餐变成店内不容错过的消费选择,在为顾客提供更优消费组合的同时,也避免单点消费的低客单情况过于普遍。

除了套餐之外,会员消费的加价购虽然看上去并不新颖,但只要跟产品结合得够紧密,同样可以得到更好的效果。例如德克士的会员日活动,所有会员,单点汉堡可以享受"加1元买一送一"的特权,加的这1元,就是提升客单的本质,再根据自身经营的特点,同时引导顾客搭配选择其他产品,客单价提升的效果是非常显著的。

(4) 日常活动的特权

从终身只有1次的特权,到定期可获得的特权,再到只要具备会员资格就能参与,最后一项就是日常的促销活动,我们从中不难发现,会员获得这些特权的频次在逐步提升。

在日常活动中,诸如满减之类不再赘述,除此之外,我们还可以基于线上线下相结合的方式,为会员提供消费满额抽奖的活动,以及小额动态储值活动。

升单机制的设计原则和目标都足够单纯,让顾客多花一点钱享受"更大"的福利,从而刺激他们购买更优质的产品或者更实惠的套餐,在上述4类特权的划分解析中,大家可以针对自己的经营特征,围绕这一原则进行策划。

"老带新"的裂变机制

裂变机制是为了让会员从福利特权层面时刻保有带来新客户的动

力,当我们赋予会员的权益中有此体现时,实际上是在用相当低的成本,去解决目前大多数门店都面临的难题:获取流量。

如果你希望更多地获取新客源,同时又不想无端浪费推广费用,裂变应该贯穿于所有的营销环节。在会员体系的设计中,后端链条所产生的最后一个重要价值属性,就是裂变机制。

对于裂变机制的设计,我们从三个消费心理时刻切入,分别是:消费者想让自己得到更多时、消费者想跟朋友分享福利时、消费者想变成创业者从中获利时。因为在上述时刻,消费者会更愿意作出传播、转发以及介绍的行动。

(1) 自己受益

如果你的会员权益中有这么一项:会员每笔消费均可获得随机金额现金红包,我们可以认为这是你为会员设计的"消费特权",但在此基础上,我们增加一些延伸的玩法,例如,会员在每次消费后,自动获得微信推送的红包通知,当他点击打开领取的时候,界面上弹出提示:"您有一次红包翻倍的机会,是否立即参与?"

类似这样的利益机制,就会促使其中一部分会员希望自己能够扩大受益,进一步参与红包翻倍或者奖金膨胀的活动。当他点开之后,发现促使红包膨胀很简单,只需要将这个好消息转发出去,就能膨胀一次;当你转发出去的链接有其他人点击,再膨胀一次;如果别人通过你的链接完成注册或购买,你的红包就会以肉眼可见的速度膨胀到炸开。会员在这个过程中,为了让自己的受益变大,就会有更大的动机由浅入深地做一些主动传播转发的行为。

在这一过程中,他们的每次裂变行为都要获得及时的正向反馈,哪怕他只是转发了朋友圈并且设置只有自己可见,因为只有他对眼前利益动心,我们就有足够的理由以更大的利益激励他们完成更深一步的推荐和拉新。

上面这个例子是一个逻辑假设,旨在说明从消费心理角度,用户为了获得更多的个人利益,愿意为此进行转发和推荐。这条逻辑假设是成立的,但现实中的实施方式、效果因人而异。

例如，拼多多。5斤猕猴桃，市场原价30元，但如果你想以10元甚至更低的价格购买(这就是自己受益的动机)，你可以选择开团，召集亲朋好友一起拼团。

诸如此类还有很多，只要它符合让会员"自己受益"这一动机，就会撬动他们对外裂变的行为。

(2) 与人分享

与人分享，是另外一种裂变动机。当会员基于自己的身份，获得了一些其他用户无法拥有的特权(例如不用排队、优先权、折扣等)，我们可以对此进行升级，让他们可以跟别人分享自己的这些特权。

在脱口秀大会中，有这么一个段子：

迪士尼乐园有一个被称为bug的残疾人特权：无论你的残疾等级是高是低，只要有残疾人证，就可以带最多5个同行伙伴在任意娱乐项目前不用排队。

脱口秀演员对此调侃说，什么样的残疾人需要携带5人陪伴去玩游乐项目？多半是那5个人硬拉着有残疾证的朋友一起去的……

虽然是个调侃的段子，但我们也能从中明显地感觉到，当消费者群体中有个别人拥有别人艳羡的特权时，或者此特权能够被分享，我们就可以轻易地由这些个别用户撬动新用户参与到我们的消费体验中。

在我的家庭群中，小姨总会转发关于免费领取手机流量的链接，然后还要解释一下，我自己试过了，这活动是真的，我领了5G的流量。很显然，她在这一转发行为中并没有得到额外受益，而是她发现了一个值得分享的"好事"，然后迫不及待地希望自己身边的亲朋好友也能从中受益。

基于这种逻辑和心理诉求，现实应用案例中也经常见到，例如星巴克的伙伴券，某些特殊身份的用户得到伙伴券，可以请朋友喝一杯；当你购买一杯瑞幸咖啡之后，可以得到一张电子券，是让你转赠给朋友的，朋友得到该券可以免费喝一杯；樊登读书也重点推广自己的"礼品卡"机制，老用户可以获得多张不同活动主题的礼品读书卡，用于转赠给朋友。

这种类型的裂变机制，有两种状态或表现形式，一种是会员自己不从中获益，只是单纯地分享一些福利或"好消息"给自己的朋友；另外一种就结合了第一类裂变，既自己获益，又把好东西分享给朋友，或者与朋友共享某种福利特权。

按照这种逻辑，大家可以进一步探索具体的活动战术。

(3) 从中获利

第三类裂变机制与前两类裂变机制的本质区别就在于，用户已经不纯粹是基于自己的消费者身份和朋友身份进行裂变拉新，而是基于经营者身份去创造商业利润。

例如微商。这类人本身并无经营机构，他们努力开拓自己的社交关系链条，去销售由品牌方提供的产品和服务，从中获得报酬。这是当前社会已经存在且规模足够大的一种身份形态——自由职业者。

这是一种流行的生活方式，以前你可能是消费者，但如果给你创业经营的机会，且不限时间、地点，而且前提是通过你的努力和一些方法技巧，能够稳赚不赔，你就很可能兼具消费者和经营者两种身份，此时你所有的裂变行为都是主动为之的，并且目的是让自己获利(当然，此举并非指让用户不择手段地"杀熟")。

既然社会中已然存在这样的群体，并且这种生活方式相对流行，我们就可以加以利用，在自己的会员体系内，增加一些商业规则，以供愿意从事其中的客户，通过个人推广获得商业回报。

值得注意的是，常见的商业规则多涉及层级奖励和分销，对此感兴趣的企业建议寻找专业的商业顾问进行指导评估，避免陷入政策泥潭，甚至发展成违法行为。

案例分析：瑞幸咖啡周一至周五折扣券

瑞幸咖啡并没有直接引入"会员"概念，但他们针对顾客的每一次行动，都堪称会员制营销的教科书。手段很简单，就是优惠券，被称为"花式送券"。其完美呈现了我们在后端链条设计中提到的三个特征：黏性、升单、裂变，如图1-21所示。

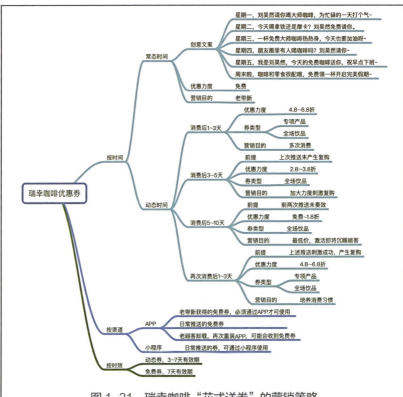

图1-21 瑞幸咖啡"花式送券"的营销策略

瑞幸咖啡通过优惠券刺激顾客重复购买非常明智,当一个顾客消费过后,第二天就会收到系统自动发来的折扣券,如果你是原价购买的,收到这张券时一定很兴奋,它的折扣力度至少是6.8折,仅此一样,很多白领群体就会毫不犹豫地在本券有效期内再去买一杯咖啡。

但一定会有人因为各种原因没有在瑞幸所希望的时间内再次消费,比如你可能过了3天都没有再买第二杯咖啡,这时候你就会收到4.8折的券,低于5折了,还无动于衷吗?不少顾客因此被激活。

但仍有漏网之鱼,还是没有消费,再推3.8折、2.8折,直到1.8折,几乎免费了,赔钱请你喝,来不来?针对长时间没有复购的顾客,瑞幸会认为这种客户很可能即将流失,与其白白损失一个已经有过消费的顾客,不如狠狠心,一降到底,试试还能不能把你拉回来。

第1章 在会员招募环节做什么

当然，如果消费者在此过程中成功被激活，不管是哪次的推送，只要产生了复购，就会被列入第二循环的营销计划。这次你用了1.8折券，那么过几天我给你3.8折，如果你还用，那就再给你4.8折，直到把你培养出频繁喝咖啡的习惯。在这个培养过程中，价格逐渐恢复，最后推充值，充2杯送1杯，直接锁定消费。

后来，瑞幸除了咖啡，还增加了面包类的轻食，如果你消费了轻食，在第二天会得到轻食再次消费的折扣券，这种做法是为了不断刺激重复购买，目的是培养主动购买的习惯。

这是针对黏性属性延伸而来的一系列措施，我们发现在这一过程中除了黏性，其实也在逐步地培养用户提高客单。对于裂变属性，瑞幸更是把"一招鲜"发挥到了极致——免费咖啡，他一杯你一杯。

老用户主动分享免费券给新用户，新用户领咖啡成功后，老用户奖励一杯免费咖啡。这种产品补贴的逻辑很简单，但坚持做，持续创新，增加不同的玩法演变，效果非常明显。

比如按日期，从周一到周末，你转发出去的链接标题，都是已经精心策划好的：

"今天星期一，请你喝杯免费大师咖啡，和幸运打个招呼"

"今天星期二，请你喝杯免费大师咖啡，工作化繁为简"

"今天星期三，请你喝杯免费大师咖啡，方案一稿过"

"今天星期四，请你喝杯免费大师咖啡，甲方乙方都是远方"

"今天星期五，请你喝杯免费大师咖啡，据说今晚不加班"

"周末啦，请你喝杯免费大师咖啡，春暖花开撩一下"

这是早期的转发文案，让新用户收到老顾客转发时，有一个非常应景的购买动机。随后，刘昊然成了新的代言人，标题文案也随之做了更新，比如"星期五，我是刘昊然，今天的免费咖啡送你，祝早点下班"。

简单的营销逻辑，加上丰富的营销创意，让老顾客和新用户都从中得到福利和快乐，大家愿意主动裂变，久而久之，就成了忠实客户。

另外，针对优惠券的使用，还有更多细节的考虑，比如凡是免费券，要安装下载APP才能使用，而其他券则直接通过小程序就能随时兑换。

大家都知道，你让用户多操作一步，对企业来说是好事，但对用户来说就可能是负担，所以，每一次增加用户操作难度时，都辅以更大的福利进行补贴和激励，这就是人性化。

操作示范：如何用会员系统实现按顾客消费间隔时间，自动发送不同折扣的优惠券

（注：操作示范采用梦自达会员系统。）

第一步，在会员列表中，按条件搜索，筛选超过1天未消费的会员信息，如图1-22所示。

图1-22　按条件搜索

第二步，在筛选结果下，直接点优惠券，设置在每天固定时间发送1张指定优惠券，如图1-23所示。

图1-23　设置发送优惠券

第1章　在会员招募环节做什么

第三步，单击确定保存，系统将于每天下午14:00自动执行程序，先筛选符合条件(超过1天未消费)的会员，然后发送1张指定的10元代金券，如图1-24所示。

图1-24 设置发送指定优惠券

本节重点

划重点

① 完整的会员体系，按其职能和作用划分，分为前端和后端，前端为权益(即福利)，吸引加入；后端为延伸，挖掘价值。

② 在会员体系的后端链条设计中，我们需要分别制定能够让顾客"多进店"的黏性机制，促使顾客"多付钱"的升单机制，鼓励顾客"转介绍"的裂变机制。

③ 黏性机制的特征有4个：多次进店、多次购买、多次使用、心智占有。

④ 黏性机制的核心在于多次接触，它并不一定要作为一条单独的会员政策存在，但你在设计会员体系的过程中，应该考虑并审视是否顾及了黏性机制。

⑤ 常见的升单机制有4大类：

- 终身只有1次的特权(特别珍贵且价值感超强,用于刺激顾客购买高额产品);
- 定期获得的特权(少量且稀缺,刺激频繁消费);
- 身份专享的特权(可以额外付少量的钱,得到别人无法得到的实惠);
- 日常活动的特权(平时的消费行为,保持提升客单类的活动不间断)。

⑥ 对于裂变机制的设计,我们从三个消费心理时刻切入,分别是:消费者想让自己得到更多时,消费者想跟朋友分享福利时,消费者想变成创业者从中获利时,因为在这些时刻,消费者会更愿意作出传播、转发以及介绍的行动。

⑦ 会员体系的设计,除了权益体系,我们需要更关注后端链条的设计,因为它们在促使会员产生黏性、提升客单以及裂变拉新方面会自动产生作用。

⑧ 在黏性机制、升单机制、裂变机制中,我们重点阐述了各自的设计原则和常见分类,值得注意的是,这三条内容更多的是存在于会员体系内,也就是说,当用户成为会员之后,他可以自发地被会员规则和权益驱使而采取相应的行动。

在后续的介绍中,我们还会重点对企业如何提升留存、提升客单以及如何大规模地进行会员裂变做单独的分析,我们只需在此刻理解,在设计会员方案时,可以顺便将上述后端链条的原则考虑在内,体现在你的会员特权中,会对整体会员制的启动以及后续运营起到事倍功半的效果。

留作业

① 参考瑞幸咖啡的优惠券玩法,为自己的会员体系设计包括复购、升单和裂变的自动化营销行为。

② 把你的会员权益列成清单,圈出具备黏性、升单和裂变属性的条款。

1.1.4 最关键——入会流程设计

"欲取鸣琴弹,恨无知音赏。"

——唐·孟浩然

学生入学有开学典礼,转校生进班有欢迎仪式,员工入职有上岗流程,就连去4S店买车都会铺红毯为你举办交车仪式,为什么你的顾客办会员的时候,没有正式的入会流程?

目前正在施行会员制的实体门店,多数都很重视会员体系的设计,力图把会员权益做到极致,认为只要能够吸引并说服顾客付费入会,后面的事就水到渠成,万事大吉了。因此,鲜有企业重视入会流程的设计。

一个消费者决定成为你的会员,像极了一个新生走进陌生的教室,他虽然已经是你的一分子,但是不代表已经融入你的组织。难道我们不需要精心策划一下入会流程,好让新人顺利度过陌生期,快速成为彼此熟悉的伙伴吗?

类比于学生入校,顾客对于门店也是同样的关系。他们选择加入你,是因为他们认为可以在一定时期内从你这里可以获取相应的价值,但总有一天,他们会从这里"毕业",选择离开。但这种"毕业式"的离开,并不意味着你白白流失了一位顾客,他可以在除了直接消费之外的其他途径为你贡献价值。

换句话说,如果你做好了搞会员制的打算(锁定长期持续消费的忠实顾客),就应该摒弃一次性成交的思维,尝试如何把陌生人之间的买卖关系维护长久。

入会流程并无定式,或繁或简取决于企业自己,但不管怎样,起码应该遵循的环节有以下4个:清除障碍、传递价值、奖励期望行为、顾客成功计划。

清除障碍

如果说会员与普通顾客最大的区别在于信任关系的话，那么清除障碍就是指把一切阻碍信任关系快速建立的因素全部清掉。

在这一环节，我们需要做到"让他快点来"。清除障碍具体体现在以下两个层面。

(1) 简化入会手续

在关系建立初期，任何麻烦事都有可能让对方改变主意，他也许因为你的会员权益动心，但似乎并没有那么坚定一定要付费办会员，此时摆在他面前的一系列复杂的填表、拍照建档、各种等待，甚至仅收现金等，都有可能让顾客终止入会的决定，快速离开。

所以，如果你还在用手工登记的方式管理会员信息，请尽早简化填写内容，最好把纸笔丢掉，改用电脑系统；如果你的系统仍然需要一项一项地询问顾客姓名、性别、出生年月、手机号，然后让顾客眼睁睁看着前台人员用笨拙的手法敲击键盘，并时不时输入出错、反复修改，请尽早升级你的系统，减少现场手输的环节。

登记方式一定要基于极简、少操作的原则。用户不需要下载一个你斥巨资开发的APP软件，在人人都有微信的时代，最好的方式就是微信扫码，一键注册，3秒成会员。

(2) 让入会心情更美好

会员制强调的是感性关系，我们建议门店重视欢迎仪式：也许是让所有员工很郑重(或者很随和)地向这位新会员自我介绍并表达感谢；或者特意安排一位"顾问"来正式与他认识，并表明这位顾问将会帮他享受到最大程度的优质服务；或者保留一些很酷的传统，颁发纪念牌，或者拍照请顾客签名……总之，这是体现你的企业文化、价值观与个性化最好的时机，不要放过为每一位新会员庆祝的机会。

在这一环节中，只有一个目标，就是让顾客在欢迎仪式之后，心情舒畅，帮助他再三确定自己本次消费是明智之举。

传递价值

在入会流程中，务必要传递出会员价值，让他觉得"这里不错！"

我们需要确保新会员知晓他已经得到的福利特权，就像玩游戏的时候，当我们获得一个宝箱，会让你一一点击领取宝箱里面的装备或奖励。每一次点击领取，都会让你在心里潜移默化地暗爽一下。

在设计会员权益体系的时候，我们介绍了很多不同类型、由浅入深的特权，比如新人入会礼，应该在入会流程中重点让客户体验并感知。

传递价值这个环节可能会拉长你的入会流程，也就是说，除了办卡入会欢迎一下，入会流程比你想象的要长得多，也许延续1周，也许是1个月，或者更久，在这个阶段中，你应该设计一些体现你心意的触点，去不断地传递会员价值。

除了入会即得的新人礼，我们接下来应该实现的目标就是让顾客受到重视，比如在其入会后的一周内，安排服务顾问对其进行问候，再次提示他，作为一个新会员，这一时期他将获得什么样的特权，这些福利中是否有一些即将到期，或者有好玩的活动可以邀请他带朋友一同前往。当然，你也可以借此机会了解他们现阶段的想法和感受。

也许你认为让顾客最大程度地了解到他能享受的福利以及服务质量，就完成了传递价值环节，那么你可能漏掉了另一个快速建立顾客认同的环节——听故事。

在人员接触时、新关注公众号自动回复时、加了个人微信在朋友圈展示内容时，这些触点都可以用来向会员讲述关于你的故事。

故事的构成：情怀、价值观、店老板的初衷/经历，这些是店内的故事；除此之外，我们还可以向新会员介绍老会员的故事，如×××在我们这里发生了一些什么事情，当时他遇到了什么问题，后来他怎么样了？

传递价值需要在会员在籍期间持续地做，在新人入会之际，应让会员完成从觉得不亏、到小有期待的心路历程。

奖励期望行为

第三个在入会流程中重点体现的环节,就是"让他知道,身为会员应该做些什么"。

比如你新加入了一家很酷的健身俱乐部,而这家健身房的服务人员会让你尽快知道,这里的会员同其他健身房办卡的消费者是完全不同的。成为会员,你就应该遵循这里的传统和安排,明确让你知道,每周至少要有2次到场,并由你本人作出承诺,你可以在下周的周几、什么时间到场,因为彼时将有其他伙伴和你一组,完成一项并不困难、却很刺激的健身计划。

我们习惯为顾客提供服务,让他们尽可能享受其中,但这并不等于我们不能要求他们主动做一些事情。

《用脑拿订单》一书中,给销售人员讲了一个诀窍,让你的客户帮一个小忙,能够拉进关系,降低拒绝率。比如,"刘女士你好,能麻烦您帮我倒杯水吗?"这种小忙也许是举手之劳,但当你大大方方地请对方帮忙时,就会得到更好的效果。

所以,我们应该提前列出来,本店希望自己的会员作出哪些行为,然后对这些行为予以奖励。

比如,你可以要求会员在某些服务接触点进行分享,完成后送上一份奖励;或者你也可以像《用脑拿订单》中的销售一样,要求会员帮个小忙,但并不一定局限在让顾客帮助工作人员,可以是邀请会员帮一把其他顾客,或者帮一下社会上的其他群体。当你的会员行动后,同样送上奖励。

对于粉丝级的会员,他们几乎要把你的店当成自己的,他们真心希望你的店越来越好,所以,你需要鼓励他们提出各种改进建议,并奖励他们的这种行为。

因此,让会员主动去做一些事,是你们关系促进的绝佳方式。

顾客成功计划

这是入会流程的最后一环,体现门店的责任感,顾客通过你的产品或服务,能否最终达到一个"成功"的状态。

在这一环节中,我们需要"帮他确定想要什么样的生活"。

顾客成功计划,就像一所学校,新生入学,总有毕业的一天,当他毕业时,你希望他因为你的服务,成为什么样的人,在哪方面取得成功?

我们需要为会员策划阶段里程碑的仪式,试着把自己的服务效果进行阶段性划分,然后定义出每一个节点的里程碑,在会员达到这一节点时,要正式地庆祝一下。

比如瘦身俱乐部,每减10斤,有一个仪式;戒酒俱乐部,连续100天不喝酒,发一个徽章;哪怕是顾客在你的餐厅请他的客户吃饭,最后成交了,你都应该对其表示庆祝。

除了阶段里程碑,我们可以更进一步,为会员私人定制他的消费计划。比如皮肤管理中心,可以针对会员的肤质特征,结合会员想要达成的目标,分解阶段服务项目,为其制订周期计划。美容美发店可以给年卡会员制订每个月的形象设计计划,结合会员的喜好、职业特征、社交需求,为其提供发型设计;或者当客户做了烫染项目之后,在接下来的3天、一周、一个月内,分别应该跟进什么样的配套服务项目。

案例分析:鲸鱼堡儿童水育馆"学院派"会员流程

鲸鱼堡儿童水育馆位于广西柳州,馆长姓杨,是一名小学老师,她把自己独特的"学院派"理念引入会员制度,打造会员的循序渐进式入会流程。

鲸鱼堡水育馆在对待新会员的策略上归纳为5个核心环节,分别是欢迎仪式、氛围塑造、鼓舞热情、行为奖励、顾客成功,如图1-25所示。

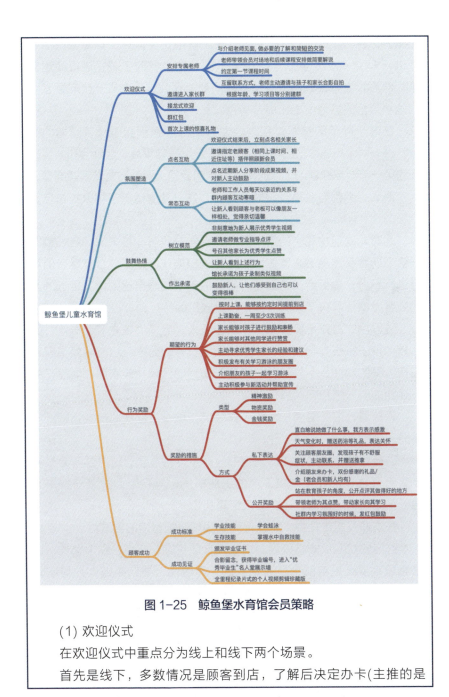

图 1-25 鲸鱼堡水育馆会员策略

(1) 欢迎仪式

在欢迎仪式中重点分为线上和线下两个场景。

首先是线下,多数情况是顾客到店,了解后决定办卡(主推的是

第1章 在会员招募环节做什么

儿童游泳课程套卡)。在线下的接触场景中，会首先安排专属游泳老师进行1对1现场见面认识，由老师做一些必要的了解，进行简短交流。然后，老师会领着新会员参观场地，在此过程中进一步向顾客介绍该水育馆的场地设施和服务特色。

在这个简单的参观过程中，尤其要把顾客引到照片荣誉墙的区域，讲一两个历届学员的传奇小故事。该过程结束后，老师会和新会员预约第一节游泳课程的上课时间，并告知会员上课前需要做哪些准备。

最后，老师与会员互留联系方式，并主动邀请孩子和家长与自己合影。

此时，欢迎仪式中的第一环节已经告一段落。接下来，店长或馆长会把新会员邀请进入微信群，这些群根据孩子的年龄以及学习的科目进行细分，确保会员进群后，接触的都是与跟自己的情况相近的其他顾客，微信群有了共同话题，就更容易保持互动、拉进关系。

进群后，首先是像接龙一样欢迎新人，老师们率先带动气氛，随后其他孩子家长参与其中，热烈欢迎新伙伴的到来。这时候如果只是工作人员的欢迎是不够的，一定要带动其他顾客一起欢迎，能够产生更强烈的融入感和归属感。

紧接着，馆长或店长发新人群红包，再一次把欢迎仪式氛围推向高潮。

进行到此，欢迎仪式的现场部分就接近尾声了，这时候新会员的专属老师往往已经安排其下次的进店时间，等待新会员第一次来上课，在第一次上课时，还会准备惊喜礼物。

在欢迎仪式过程中，鲸鱼堡尤其强调氛围塑造的重要性。

群内的欢迎仪式结束后，馆长或者店长会立刻点名几个家长，这些老顾客要么是与新会员有相近的上课时间，要么是彼此住得比较近。点名这些老顾客是为了邀请他们在以后来上课时，多多关照这位新会员，最好因此成为朋友，相互交流。此举的巧妙之处在于主动要求顾客提供帮助，这正是会员制的核心意义——打造以顾客为核心的圈层社交氛围。

点名互助环节除上述之外，还会邀请近期加入的新人(已经开始上课)分享自己的阶段成果视频,并由老顾客对刚进群的新会员主动进行鼓励。

(2) 氛围塑造

在塑造社群氛围的过程中,鲸鱼堡坚持日常互动,老师和工作人员每天以亲近的关系与群内的某些顾客互动,这些互动不能是类似群公告、群聊等信息,而是在群内产生短时的1对1交流,让其他人感觉到这就是朋友间的随和的沟通。

这些举动的目的是让新人看到顾客和老板之间并无间隙,大家可以更开放地交流家长里短,以及孩子身上的事。

(3) 鼓舞热情

人们在决定开始学习一项新技能时,忐忑和期待的情绪共存,对新人来说,此时应坚定他的信心,肯定他的选择。在鲸鱼堡的会员入会流程体验中,其会为新会员展示标杆,树立模范,看上去并不那么刻意地让新人看到优秀学员的游泳视频,借助一些拍摄特效和手法,表现强烈的视觉冲击感,给人的感觉是孩子学会游泳后简直如鱼得水。

在老师进行专业点评时,要向顾客展示专业能力,让家长相信,原来老师的教学如此细致,动作细节均被注意到,自己的孩子在这里学习游泳一定是正确的选择。

同样,此类视频和点评过后,必不可少的是其他家长为视频中的主角学员送上赞赏,表达肯定。家长此时可能会畅想,有朝一日自己的孩子大概也会成为优秀模范在群内展示,受到大家的追捧。

这时候鲸鱼堡的馆长要趁热打铁,亲自送上承诺,会为新会员的孩子录制类似视频,作为影像资料留念,并且鼓励新会员会变得更加优秀。

鲸鱼堡杨老师一口气罗列了8个她本人特别期望顾客作出的行为,具体表现在:

- 会员能够按时上课,按约定时间提前到店;
- 上课要勤奋,一周至少3次训练;
- 家长能够对孩子进行鼓励和表扬;
- 家长能够在陪同孩子游泳时,主动对其他孩子进行赞赏;

- 主动寻求优秀学生家长的经验和建议；
- 积极发布有关孩子学习游泳的朋友圈内容；
- 介绍朋友的孩子来学习游泳；
- 主动、积极地参与店内新活动，并帮助做宣传。

针对这些行为，杨老师也有奖励措施，如精神奖励、物质奖励、金钱奖励等。有些行为会私下表达，有些激励则会公开发布。

(5) 顾客成功

鲸鱼堡对新会员有明确的"毕业"标准和计划。对儿童游泳来说，其希望每个会员家的孩子都能学会蛙泳，掌握水中自救技能，前者关乎日后中考成绩，后者是一项必备的生存技能。对于这两项看上去很简单的"成功"，需要店铺为顾客提前设计好达成目标的服务计划，以及"毕业"时的见证：毕业证书，有毕业编号的优秀毕业生名人堂展示，以及全里程纪录片式的个人视频剪辑珍藏版。

这些行为只有一个目的，就是让新会员快速地认同、信赖并融入组织，这对后期的二次消费以及主动推荐新顾客起到决定性作用。

操作示范：如何用会员系统实现自动化顾客成功计划，为会员建立定期、定项的服务安排

(注：操作示范采用梦自达会员系统为例。)

在顾客成功计划中，鲸鱼堡水育馆的案例为会员的"成功"锁定了两个标准，分别是学会蛙泳和掌握水中自救技能。为了让顾客顺利完成这两项标准，是需要制订训练计划的，比如学会蛙泳需要10个课时，那么如何分配课时、如何设置课程内容，都需要提前规划好，学员到了某一节点，自动匹配下一阶段的任务，当你把顾客成功的标准拆解为实施计划时，就能够更大程度地确保消费者得到最有价值的消费体验。

此类顾客成功计划根据不同行业属性，可以演变成多种表现方式，例如美发行业，针对做烫染的顾客，如果你将其"成功"的标准定为"保持成功人士的气质""随性的文艺青年""干练的职业女性""拥有好气色的俏阿姨"等，则可以为特定的顾客制订年卡的服务计划，比如多久做一次造型、什么时间做护理、在出席某些场合前是否需要快速打理，等等。

本节操作示范将拿一个简单的例子为大家展示如何通过系统为每一个会员建立自动化的服务计划，从而确保他们顺利通向"成功"。

例如：顾客做烫染造型，3天后安排做水柔护理，7天后做发质保养，10天后做第二次的造型精修。

第一步，创建服务计划模板，将时间与项目进行关联，如图1-26所示。

图1-26　创建服务计划模板

第二步，会员消费"烫染造型"结账后，自动关联后续服务计划，如图1-27所示。

图1-27　自动关联后续服务计划

第三步，系统自动创建日程备忘录，自动给顾客发送手机消息，并在系统端提醒操作人员及时处理预约情况，如图1-28所示。

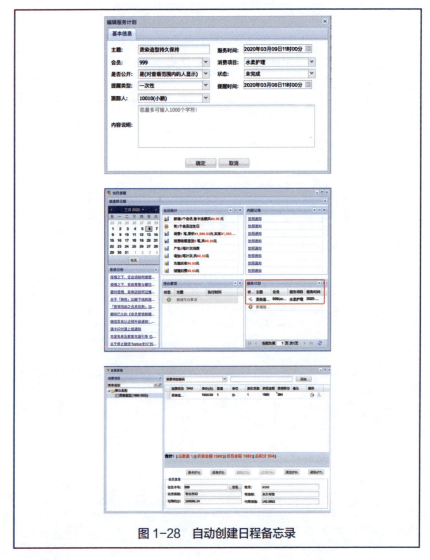

图 1-28　自动创建日程备忘录

本节重点

划重点

① 在会员服务体系设计完毕之后，我们需要重视另外一个很少人留意的环节：入会流程的设计。

② 就像学生入学、员工入职一样，我们如果能够让一个陌生的新成员通过特定的流程快速熟悉他所在的组织团体，就可以让其了解自己在其中的角色和特权，从而尽快从陌生会员发展为彼此认同和信任的老伙计。

③ 在设计入会流程时，或繁或简无所谓，重要的是体现几个必备的环节。

- 清除障碍：让顾客心情美美地快速成为会员，并确信自己的这次消费决策是正确的。
- 传递价值：我们需要创造各种触点，来让他感觉这里很不错。通过使其直接体验入会即得的新人福利，以及在接下来的几天内让其感受到店方很重视他，并且有意无意地提到了一些故事和过往的经历，让他确信，我来对地方了，这就是我喜欢的感觉。
- 奖励期望行为：除了让会员坐享其成，我们有必要发出指令，指挥会员作出一些门店比较推崇的行为，比如让他们分享在店内的消费时刻，让他们帮助一些人，或者让他们提出更多的改进意见。
- 顾客成功计划：作为一家有责任感的门店，让多数顾客通过店内消费，获得人生的一个"成功"，比如变得更酷、变得更开心、变得更漂亮、变得更健康、变得更体面、变得更自由、变得让人羡慕……

④ 再次强调，入会流程必不可少，现在，请立刻动手，完善你的流程。

留作业

① 检查你店铺的会员注册流程，线上注册是否超过3次点击，线下登记开卡是否超过60秒钟。

② 会员办卡后，你将如何让他们了解成为会员后可以获得哪些权益？把你认为能做的事项列出来。

③ 列举你希望顾客做的行为，并匹配你的奖励计划。

④ 你的核心顾客在店内持续消费，可以达到何种"成功"？定义这个标准，并帮客户制订一个消费计划。

1.2
从注册会员这一步开始做数据化管理

> "善将者因天之时，就地之势，依人之利，则所向无敌，所击者万全矣。"
> ——三国蜀·诸葛亮

会员数据化工作贯串全部会员制运营体系，在第3章将做详细介绍，而在会员招募环节，会员数据化多体现在顾客入会的环节，如何做到轻、快、自动化。

我们可以把这一阶段的数据化工作理解为将第一部分策划设计的会员权益体系、后端链条设计以及入会流程，通过网络技术与数字手段进行管理，对企业来说，好处是提升效率、提升顾客体验，以及信息收集处理的自动化。

手段是引入营销系统，无论采用SAAS系统，还是自己开发，在数据化入会环节，必须注意的三个核心点是：一键开卡、资料完善、权益立得。

告别等待，一键开卡

采用会员系统对顾客入会的后续整个流程进行运营，就需要顾客手中也有数据化的终端账户(以便与会员建立互动关系)，而对当下来说，微信无疑是最好的交互入口，并且微信作为目前最大的社交平台，天然具备一对一沟通的属性，所以，如果能够让顾客通过微信(而不是下载其他APP)快速办卡，则效果最佳。

一键开卡，是指通过技术手段把会员系统接入微信，让顾客可以通过扫码激活的方式快速完成会员账号的创建。

在接入微信后，我们能够实现线上线下的互通，顾客通过微信实时查看店内的消费数据和会员信息；反过来，如果会员在微信上进行某些线上交易或者参与线上活动，店内也可以即时同步最新的会员数据。

接入微信的另外一个好处是可以直接通过技术手段读取用户的微信资料，这样一来，名称、手机号、性别等信息就不需要再次输入，直接读取。

关于扫码激活，我们希望顾客扫完之后，尽可能少地输入信息，减少他在入会初期的操作障碍，这一点在入会流程中关于清除障碍部分已做详述。通过自动填写的方式，把读取到的个人微信资料默认填写进去，保留用户后续修改的权限。

最后是激活微信卡券，当顾客有了会员卡之后，还要再往下多想一步：他下次来消费时如何找到会员卡。基于微信的大环境，卡券是目前最佳的入口，会员不需要通过"公众号—点菜单—查会员卡"等步骤调出卡券，只需在微信卡包中直接调出(见图1-29)。

图 1-29　在微信卡包中直接调出会员卡券

如何完善会员资料

对于会员制运营来说，会员资料越详细越好。猎取资料的来源有很多，有些是顾客自己提供的，有些是通过技术手段抓取的，更多的是店内通过人工服务了解之后，手工完善的。

在招募入会的环节，关于资料的完善，仍需遵循简化的原则。一般来说，基础信息包括姓名、手机号、出生年月等，这些是必填项，其他均可省略（后期再进行完善补充）。

快速入会之后，如果你还想让会员自己填写一些更详细的个人信息，可以通过任务奖励的方式，让其完善资料，获取奖励积分（见图1-30）。

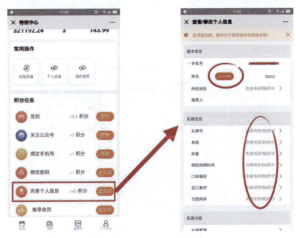

图1-30 完善资料获取奖励积分

对于更加详细的信息，则要分解到日常的经营与服务中完成，比如个性化字段，汽车服务企业需要记录会员的车牌号、保险到期时间等；美容院对会员的肤质特征、有无过敏史等进行标注；餐饮业要记录客户的口味偏好和有无忌口；服装业则要记录会员的款式、颜色、风格的偏好等。

这些个性化信息，要分解到每次线下人员与会员进行接触时采集，并上传。这是一项人工和程序协同处理的长期工作，在没有实现完全自动化采集处理数据前，对中小门店来说，可能会增加一些平时的工作量，但如果你特别重视会员的维护工作，当然可以把完善会员资料这项工作融合到日常客情维护中，将其作为一个量化考核指标，也是一个不错的方式。

借助自动化实现权益立得

在数据化的路径上，我们还需要让会员权益变得更加智能：入会自动推送，到期自动提醒，消费时进行推荐等。

我们可以通过电子化和数据化的方式，让会员获取会员权益体系中的8种特权，做到立即得到，此刻即用，这是提高消费效率的基础要求（见图1-31）。

图1-31　会员权益体系

在权益电子化时，使用最多的形式莫过于积分、储值和电子券。我们需要在立得、立用的原则之外，同时兼顾时效性。最简单的方法就是设置有效期和即将到期的消息提醒，这些会为后续消费转化提供动力（见图1-32）。

图1-32　会员权益电子化

案例分析：百果园新会员扫码领卡送60元果币

百果园极其重视会员体系的建设，在系统数据化方面的投入也是非常可观的。目前我们能够体验到的百果园会员服务终端包括线下门店网点、小程序、APP、公众号、门店微信群等。在数据化入会的执行力方面，你已在不同的门店感受到百果园整齐划一的动作和话术，如图1-33所示。

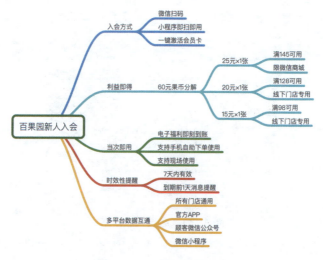

图1-33 百果园会员体系

顾客消费时，前台服务人员会询问是否有会员卡，如果没有，可以立刻扫码激活，当场就有优惠可用。简单的一句话术，就能够大幅度提高散客注册会员的成功率，顾客扫码激活后，会员数据同时打通全国所有门店以及顾客的手机终端。

百果园新会员扫码激活后，会得到60元新人券，其分为三张，分别是15元、20元、25元，前两张券在线下店使用，1张大额券用于引导会员体验在线下单，而每一张的满额条件，只需顾客稍微努努力，就能达标，有助于提升客单价。

新人券时效性强，即将到期时会有消息推送，通过紧迫感的刺激会再次发挥会员制复购的威力。

操作示范：如何用会员系统在实现顾客扫码关注公众号的同时，自动回复领卡获得新人礼

（注：操作示范采用梦自达会员系统。）

第一步，在完成公众号授权绑定会员系统后，进入管理后台发布卡券，如图1-34所示。

图1-34　管理后台发布卡券

第二步，回到卡券列表，单击"我要推广"，复制卡券链接，备用，如图1-35所示。

图1-35　复制卡券链接

第三步，创建一个功能模块，命名为一键领卡，如图1-36所示。

| 第1章　在会员招募环节做什么

图 1-36 创建功能模块

第四步,设置公众号关注自动回复,如图1-37所示。

图 1-37 设置公众号关注自动回复

本节重点

划重点

① 会员制的核心是数据,记录在纸上或者无法进行数据统计与分析的信息不能称为数据,我们需要更多的消费者信息、消费偏好与习惯的数据来为后续的经营提供决策依据。

② 在会员招募之初,就应该把数据的入口开放给顾客,让他们轻

松、无障碍地快速注册，同时保有与门店随时沟通互动的通道。

③ 我们费尽心思设计会员权益体系，应该以电子化的形式(但不排除使用传统实物化凭证)让顾客立刻获得，随时随地都可使用。

留作业

① 将你的会员信息数据化，包括基础资料、消费记录、活跃度数据等。

② 将你的促销活动、会员活动以系统化方式进行操作，告别人工掌控的情况。

③ 罗列会员权益清单，查看还有哪些权益是无法通过自动化实现的。

1.3
如何获取能够成为会员的初始流量

"竭泽而渔,岂不获得?而明年无鱼。焚薮而田,岂不获得?而明年无兽。诈伪之道,虽今偷可,后将无复,非长术也。"

——吕不韦《吕氏春秋·孝行览·义赏》

对90%的实体经营者来说,流量获取是他们最关注的话题。不管你的会员体系是否完善,也不论你的产品和服务是否有竞争力,只要有足够的流量进店,好像就不愁生意不好。

关于流量获取这个话题,大家需要警惕这种"唯流量论"的思维,对任何实体企业来说,流量不能从根本上解决业绩问题。这也是为什么我们在设计会员体系时,除了丰富的权益诱饵,还要花更多精力在后端链条的打磨上,这就像你希望引大河之水灌溉农田,可是你既没有做好蓄水储水的准备,也没有预料万一大河决堤引来洪水自己是否能应付得来,只想着赶紧把上游的流量大坝凿开引流。

鉴于此,流量获取应该具备以下几个原则。

- **有承载能力**:你的门店接纳客流的最大饱和量是多少?如果遇到大流量,是否有分流疏导措施?
- **有转化能力**:你的门店是否已经具备了把流量转化为销量的方案、产品及服务?
- **有可持续再生能力**:这波流量你能用多久?他们可以源源不断地带来新客流吗?

带着这几个问题,我们一起来探讨分析,会员体系搭建完成后,在会员招募阶段，我们应该如何获取流量。

1.3.1　优化店铺的流量源

想要获取流量，必须弄清楚自己需要的客流源头在哪里，有些引流行为就像狂风暴雨，迅速上量；有些引流则是绵绵细雨，一点点地增加。不同的门店，因其目标客群各不相同，流量源头也会存在差异。

按照日常经营的状态，我们暂且通俗地把流量源划分为自然流量和人工流量两种。

店铺的自然流量来源

顾名思义，自然流量是指工作人员并没有直接出去揽客，就有顾客自己找上门，这也是传统门店的主要客流来源，当然，也造就了目前传统门店面临危机的重要因素——坐商思维(坐等顾客上门的思维方式)。

在移动互联网深度普及之前，自然流量几乎等同于线下顾客流动进店的情况，我们可以归结为地面来源，而在移动互联网发展的当下，门店的自然流量又增加了一个空中来源。

(1) 地面来源

人们基于地理位置，发现自己视野内有家饭店，这会儿刚好饿了，就会选择进店。后来，这条街上新开了很多家饭馆，装修各异，路过此处的顾客就不一定还会选择你的店。再后来，附近有个大型商场开业，提供吃喝玩乐娱购游一站式服务，人们被商圈吸引，不再光顾街边小店……这基本上就是门店遭遇客流荒的常见景象。

店铺的人气高低与位置有关，周边竞争加剧之后，对客流的争夺几乎变成了对旺铺的争夺，直到普通实体店租不起黄金旺铺。

那么在当下，还有优化店铺地理位置的余地吗？总的来讲，四大黄金地段被普遍认为是大客流保障的最佳选择：商圈、大型社区、写字楼、大学城。但是这并不意味着这四种位置一定是你的最优之选。一直以来，我们认为判断一个地段是否适合开店的标准是客流量大，现在你将有第二个判断标准：目标客户是否集中。

举个例子，如果你的服务对象是青少年，那么首选地段一定是校园周边；如果你的目标客群是上班族，那么写字楼(不一定是门面房)也是不错的选择；如果你经营的是居家生活类产品或服务，选择在社区开店则优于商圈，等等。

现代的实体店，已经不再拼"物美价廉"（那几乎是价格战的代名词），而是拼"细分领域"，你能否为一类有共同特点/需求的人，在某一个细小的领域，解决一个之前未被很好满足的需求，已构成当下竞争的关键。

在之前的篇章中，我们已经分析，策划会员制体系的前提是目标客户的细分。我们需要先认识哪些人是核心目标客户，然后去寻找他们聚集在何处。

目前，判断地理位置的好坏，已经不再粗放地评判人流量大小，而是基于自己门店的定位、细分领域，寻找目标客群相对集中的位置。

如果将目标客群密集度与消费人群流量两个判断因素做对比，一定是：

密集度 > 流动量

以上是关于地面流量分析中关于地理位置的分析，但地面流量不仅仅受一个因素影响。假设目标顾客从本店门前走过，走进了别家店铺，我们需要弄清楚，他们是因为什么因素作出了判断。这些因素正是我们优化地面流量的重点。

对于初次到访者，恐怕只有一个核心要素能引起他们关注——店面形象。

人们会从大老远看到你的门头，看到招牌名字，看到你的色彩，甚至灯光，走近的话，还能看到你的橱窗，看到里面的工作人员忙碌(或者悠闲)的身影、他们的着装和表情，他们同样希望看看哪家店里的客人多。

以上这些就是人们在地面移动过程中看到的内容，你的店在视野内，别人的店也在视野内，那么有没有可能，去优化视野内的这些元素，让自己的门店从视觉上脱颖而出？

比如到了晚上，一家饭馆打着明亮的暖黄色灯光，隐约能看见复古的门头设计，上面挂满了灯笼，看上去有种热气腾腾的感觉。反观另一家饭馆，灯箱上简单的店名，里面好像还灭了一些光源，从光线明亮程度来说，完全被刚才那家抢了锋芒。可以试想，如果有人开车路过此处，正在寻找饭馆时，他会优先选择哪家？

从视觉层面上，我们可以总结出包括门头、橱窗、灯光、色彩、名字、人员、衣着、表情等因素，除此之外，还有哪些视觉因素，是你的店向外传递的呢？这些地方其实都可以进行优化，从而影响地面流量的走向。

人的消费行为在多数情况下属于感观消费，除了视觉，我们还能够听到门店的声音，包括他们的音乐、他们接待的声音以及问候的声音……除了听觉，我们可能还能闻到一些不同的气味，两家美发馆，一家飘出刺鼻的烫染药水味道，另外一家则是清新芳香的味道，一对比就能发现，原来嗅觉也是直接导致顾客改变进店方向的因素。

综上所述，从视觉、听觉和嗅觉的环节，到底优化到何种程度才算合适呢？我们优化的目的是获取流量，所以优化的原则也就非常清晰：无论是视觉、听觉，还是嗅觉，门店对此进行优化没必要追求奢华或者风格迥异，而是追求高辨识、强化印象、确保气质相投。

(2) 空中来源

事实上，今天的消费者已经不局限于通过地面去寻找门店，人们早已习惯通过手机搜索、浏览、点击的方式，决定去哪家店消费。

一般来说，消费者从网络空间寻找或发现线下门店，主要基于两种行为：搜索、浏览。前者属于主动找，后者则是在刷各种信息时，被动遇见。

对搜索来说，消费者想要找到目标门店，他们会搜什么内容呢？

- 搜品牌，比如我就想去海底捞，搜一搜最近的店在哪里。
- 搜场景，比如，哪里适合同学聚餐。
- 搜需求，比如，想吃火锅，就搜"火锅"。

弄明白消费者搜的内容，接下来就要分析他们会在哪些平台搜，通过观察、调研，我们不难发现，多数人常用的搜索途径，无外乎以下4类。

- **搜索引擎**：百度、搜狗、360搜索等。
- **平台搜索**：外卖、电商、团购等平台或APP上的搜索框。
- **地图搜索**：在百度地图、高德地图、腾讯地图等应用上搜周边。
- **微信搜索**：在微信的最顶端，就保留着搜索入口，可以综合搜索公众号、小程序、文章、朋友圈、聊天记录等，当你搜索一些门店相关词汇时，还会主动推荐具体的门店信息。

综合分析搜索内容和常用搜索途径，实体店如果想在空中流量上有所作为，可以有针对性地做一些优化工作：选择主流搜索平台，针对用户可能搜索的关键词结果，做相应的展现和引导。

值得注意的是，无论是自己做基础优化，还是付费购买流量服务，评判的原则是：**搜索结果>曝光次数**。我们应该更加关注用户搜索哪些具体内容可以出现自己的信息，而不是一味地追求平台曝光量。

现在，人们在碎片时间经常刷的内容有以下三类。

- **朋友圈**：包括好友晒图、定位小尾巴、朋友圈广告、宣传海报以及链接等。
- **自媒体**：包括抖音、头条、微博、看点直播等。
- **电商平台**：包括购物、团购、外卖等。

想让用户在碎片时间中"偶遇"你的门店，最起码你的门店应该以不同的形态出现在这些平台中，先保证有，再考虑能否进一步进行专业化运营。

店铺的人工流量来源

相对于自然进店的流量，人工流量是指通过工作人员的人为行动招揽而来的顾客。常见的方式有店门口揽客、周边发传单等，这些人工获取客流的行为虽然原始，但基于周边位置，仍然会有些效果。

本章提到的人工流量，总的来说分为三种情况：广告投放、现场活动、口碑。以下分别对其优化原则进行阐述。

(1) 广告投放

无论是在哪种媒体投放广告,对实体门店来说(可选的广告媒体并不多),我们希望通过广告获取客流,就必须重新审视并优化广告传递的内容。

适合实体店的高性价比广告内容应该具备以下原则:

- 以产品带品牌;
- 以促销带产品;
- 即刻扫码参与。

① 以产品带品牌

以产品带品牌,是指尽量将那些对潜在消费者有直接意义的内容作为主体向外传递。大多数实体店其实并不具备品牌影响力,小预算下也没必要做那些传递情怀、表达精神和文化层面的品牌宣传。我们需要简单、直接、粗暴,把你想主打的爆品作为主体,用你的产品带动品牌的认知,让用户第一时间被产品吸引,然后再去看,"哦,原来是XX店的"。

以产品带品牌的广告,比较提倡的做法是:XX店的XX产品。把重点落脚到产品上,你甚至可以用最大幅的画面来展示产品,而自己的logo、名称这些,放在次要位置即可。

不建议的广告内容为:XX店,传承民族精神;吃饭就到XX店。这种广告看上去很大气,但是并没有给用户选择你的理由,口号过大,不可信(就凭你传承民族精神),而需求模糊,则无法凸显你的特点(吃饭的地方多了,为什么去你的店)。

如果你正在投放广告,不妨重新看看自己的画面和内容,你传达的是某个具体的产品,还是定位模糊的口号?

② 以促销带产品

以促销带产品,不只是展示产品本身,而是连带配套的促销活动一起展示。

比较好的做法,如XX产品的XX活动;不建议的做法,如全场几折起,进店有惊喜。

活动应该明确到产品,这样才能保证用户在短暂的观看广告后,先对产品感兴趣,紧接着看到当前的优惠活动。而不是告诉消费者,快来某店吧,全场都在打折,等等。人们都不知道你卖什么东西,凭什么就因为打折去你店里消费?如果你是知名品牌,搞这样的活动自然有人趋之若鹜,如果不是,就不要搞这种笼统的促销活动。

尤其建议大家,不要总是使用"进店有惊喜""获得神秘大礼"这样的字眼,这只能说明你所谓的"惊喜"和"神秘"是廉价的。但凡你能拿诸如iPhone等高价值的礼品搞活动,你都会毫不犹豫地把礼品本身展示出来,甚至还要加大加粗,生怕别人看不到。用"惊喜"和"神秘"不就是因为自己囊中羞涩,拿出来的力度不那么诱人。

所以,如果你有促销活动,就配合具体产品一起公布。

③ 即刻扫码参与

即刻扫码参与是指当用户对广告内容感兴趣时,应引导他们即刻下单。以往的广告习惯是告知、展示,然后等着顾客上门,现在需要强调效率,尽力满足"想要就要,马上就要"的碎片化消费习惯。所以,广告内容的第三个重要原则就是预留顾客可以采取行动的入口,目前以扫描二维码访问相关页面的方式为主。

(2) 现场活动

实体店离不开线下的现场活动,此类活动又经常与文艺演出挂钩。我们经常见到店庆、开业或者重大节假日时,实体店门前会搭起舞台和彩虹门,接上音响设备,有喊麦的现场主持人,有上台演出的演员,以此来吸引路上的客流前来观看并驻足,最后搭配店内的促销活动,从引流到转化销售。

当我们能够总结出标准套路和流程时,往往意味着大多数人早已想到了同样的内容,也就是说,大家都会采用同样的模式搞差不多的活动,一旦消费者出现审美疲劳,这些活动将无法像以前那样有效地吸引眼球。

如果我们需要优化现场活动的引流效果,就必须跳出这个默认的流程去审视两个关键环节,即创意环节和实施环节。

① 创意环节

为了让活动更有效地吸引客流,就需要让活动创意有一个指导原则,一切创意必须围绕着能够"闹动静"和"促围观"来搞。

② 实施环节

除了创意,另一个容易放松警惕的环节是实施。我们要重点盯一下,活动方案是否能够最大程度地执行、现场的氛围营造是否能够达到预期,以及活动场地内外的人员秩序有没有应急预案。

- 执行不力。实体店推出一个促销方案,很容易被"精明"的店员进行二次翻译,直接把促销让利的那部分"内幕"从活动中剥离出来,为了成交,直接告诉顾客怎样做能最省钱,或者歪曲概念,人为造成消费者的误解。
- 现场氛围不到位。我们通常理解现场要热闹,要有会活跃气氛的主持人。但是,这只是氛围之一。关于氛围,我们更多地要以促进销售为目的去营造,而不是一味地喧闹。比如紧迫感和稀缺性,门口排着长长的队,朋友圈中让更多没到场的人看到"这是家什么店,怎么这么火"……这些氛围都是能够加速成交的细节,除了喧闹之外,我们更应该注重此类氛围。
- 秩序的把控要考虑地域治安等因素。北京的"斯巴达勇士"线下活动,十来个肌肉壮硕、穿着暴露的外国壮汉当街游行,十足吸睛。但是,这个活动还没有展示具体内容,就被警察叫停了。

(3) 口碑

这是最理想的获客方式,店主专心经营,顾客奔走相告,一传十、十传百,就成了附近小有名气的店铺。

但是,这很难。

口碑需要加以运作。我们需要从诱因和动机两方面入手,去优化口碑相传的作用。

① 诱因

诱发用户分享的因素有很多,我们可以重点考虑两种——有趣和利他。用户分享店铺信息时,相比普普通通的消费信息,会更愿意分享趣味性强的信息(大多数人不喜欢直接分享广告);而当用户得到了一些可能会对别人有帮助的信息时,他们的主动分享欲望会更强烈。(店内有没有什么信息,可以帮助顾客身边的朋友解决一些问题?)

② 动机

我们重点关注两类动机——得到奖励和以助谈资。

如果用户可以通过分享信息的方式得到奖励(当奖励足够引发行为时)，就会作出行动。除了奖励，我们也可以为用户提供以助谈资的话题和素材，满足他们的日常社交需求。能够以助谈资的话题无非以下这些：

- 我知道内幕；
- 我知道的最早；
- 我知道答案；
- 我亲身经历的。

本节重点

划重点

① 流量获取应该具备三个原则：有承载能力、有转化能力、有可持续再生能力，三个能力必须同时具备。

② 以前，判断一个地段是否适合开店的标准是客流量大，现在还有第二个判断标准，即目标客户是否集中。

③ 在现阶段，判断地理位置好坏，已经不再粗放地评判人流量，而是基于自己门店的定位、细分领域，寻找目标客群相对集中的位置。如果将目标客群密集度与消费人群流量两个判断因素做对比，一定是：密集度 > 流动量。

④ 店铺形象优化的原则：无论是视觉、听觉、嗅觉，门店对此进行优化时没有必要追求奢华或者风格迥异，而是追求高辨识度、强化印象、确保气质相投。

⑤ 一般来说，消费者从网络空间寻找或发现线下门店，主要基于两种行为：搜索、浏览。前者属于主动找，后者则是在刷各种信息时被动遇见。

⑥ 实体店如果想在空中流量上有所作为，可以有针对性地做一些优化工作：选择主流搜索平台，针对用户可能搜索的关键词结果，做相应的展现和引导。值得注意的是，无论是自己做基础优化，还是付费购买

流量服务，评判的原则是：搜索结果>曝光次数。我们应该更加关注用户搜索哪些具体内容可以出现自己的信息，而不是一味地追求平台曝光量。

⑦ 适合实体店的高性价比广告内容应该具备以下原则：以产品带品牌、以促销带产品、即刻扫码参与。

⑧ 一切创意必须围绕着能够"闹动静"和"促围观"来搞。

⑨ 口碑也是需要加以运作的。我们需要解决两个问题：顾客因为什么想跟别人聊关于你的话题，顾客因为什么愿意跟别人聊关于你的话题。

留作业

① 从视觉、听觉、嗅觉三个方向入手，总结自己的店铺有哪些可以优化的地方。

② 模拟顾客的角色，试着用手机找到自己的店铺。

③ 设计一版平面广告，具备三个原则：以产品带品牌、以促销带产品、即刻扫码参与。

1.3.2 行之有效的引流策略

优化流量源头，可以使原本已经具备的流量变得更好。如果原本流量不足以满足经营需求，我们就需要寻找其他方式为门店注入更多客流，当前常见的、有效的实体店引流策略有4类：平台引流、社群引流、联盟引流、爆品引流。

平台引流

流量平台有很多种，并非所有的流量平台都适合传统实体店。比如抖音、头条这些平台，流量大，但对门店来说(2C的门店经营与2B的企业经营在营销推广能力上存在差距)，想在这种媒体平台获得流量，要么拼运营能力，要么打广告，门槛相对较高，并且性价比偏低(见图1-38)。

图1-38 平台引流

适合门店的平台,应该是那些直接面对精准人群的平台,看到了就下单,下完单直接进店,这是最完美的获客流程。所以,团购平台、外卖平台、电商平台以及垂直行业类的社区、社群平台都是比较理想的选项。拿团购为例,门店将自己的产品上传,用户可以直接看到产品,感兴趣了就可以先下单后到店,到店之后可以继续用其他活动促进提升客单价或者回头次数。

这类平台引流的方式和原则,基本遵循如下逻辑:

上套餐→买推广→做优化

门店选择合适的产品套餐上架后,理论上就可以坐等订单了。事实并非如此,越来越多的店铺涌入平台,造成的结果就是线上和线下一样,充满了竞争者。我们自己的店铺和产品可能排名特别靠后,不容易被用户看到。

面对这种情况,就要考虑是否需要付费做一些网络推广,让自己的产品排名靠前,或者出现在某些广告位等。但随着投入产出的不断变化,当你发现付费买流量越来越力不从心时(或者一开始就有意识),就要考虑做一些网络优化工作,比如图片美化、标题描述、关键词优化等。到这个层面,门店面临的难题已经被放大了,需要考虑由专业团队打理,实现从线下经营转移到了线上的运维和推广优化。

上平台引流,意味着你必须为此付出直接的推广成本,这是逃不掉的(可能是直接付费购买流量,也可能是订单返点,还有可能是聘请专业推广优化团队的成本)。

社群引流

社群引流是目前现象级的获客途径，几乎每个人都加入过或者见过，在一些不同主题的群里通过拼团、团购等方式热火朝天地卖货。久而久之，在这种方式下发展演变出专业的社群运营者，他们或者拥有高活跃度的群，或者直接参与群团购的流通环节，不可否认，通过社群不但可以找到自己想要的目标用户，还直接提供了成交的机会。

我们常见的社群类型(见图1-39)，包括社区群(以住宅小区为单位)、圈子群(以兴趣爱好或特定主题为核心)和福利群(以抢红包，获得额外优惠福利为主)，这些群都可以作为门店获客引流的首选，但并不意味着我们找到这些群，往里面丢一条广告就万事大吉。

图1-39 社群引流

我们都知道，乱发广告会被踢。

所以，你想在别人的群里打广告引流，就必须遵循一些游戏规则。

① 搞定KOL[①]

每个群都有关键意见领袖，当然，群主也在此列，你自己发广告，就算不被踢，也很难被信任。门店想通过社群引流搞活动，第一件事就是跟群内的KOL联系，让他们帮你发布活动。

[①] 意见领袖，英文为Key Opinion Leader，简称KOL，是指拥有更多、更全面的产品信息，被相关群体接受或信任，并对该群体的购买行为有较大影响的人。

② 上引流款

以产品为载体，不要只是发布一条活动信息，而是直接把引流的产品或者套餐放出来，通过KOL的引导，组织成员进行购买。

③ 社区团购

选择自己门店周边的社区群，做群内的社区团购，基本上是通过"产品—线上成交—线下交付"的标准模板，如果没有此类经验，建议大家先参与一下别人的团购活动，感受他们的实施环节。

联盟引流

联盟引流是指与其他商户合作，在客户资源共享的基础上，联合推广，携手获得更大的客流增长。在《客流荒：会员制打造门店爆客与持续盈利》中，对联盟引流的基础原理(1个思维、1个标准、1个原则)已做详细介绍，不再赘述，这里基于联盟合作模式，为大家推荐一种方便落地实施的联盟引流方案。

- 从联盟商家中选择引流产品，组成超值套餐，套餐中含多家店的主力商品和服务。
- 为该套餐定价，使其售价远远低于产品组合的价格，营造"超值"的氛围，并且该定价能覆盖各家产品的成本。
- 为该套餐设计裂变奖励机制，使其具备社交裂变属性。
- 在各自店内进行销售，销售业绩归销售门店所有，顾客购买后可一一到店进行兑现。
- 从谁的店购买，该会员的归属就自动标注为该店，这个会员若后续到该店消费，则该店永久享受返利。

我们将联盟引流的原理总结如下。

- 组合超值套餐，既包含了本店的主力产品，又增加了其他联盟店的主力产品，以作为福利礼包。这样一来，在本店销售时，其将更利于快速成交。
- 加入裂变奖励机制，一人购买，刺激二次传播，带来更多新人。

- 多店同时发力,流量共享,增长速度快。
- 即使其他店不积极,联盟套餐也更利于自己店的推广,通过裂变玩法,容易撬动更多客流。
- 利益永久绑定,每家店都不损失客流。

爆品引流

对于以上三种引流策略,其实面临一个难题:流量都在别人家。我们想要从别人手中获取更多的客流,需要付出很多,同时忍受很多(见图1-40)。

图 1-40 引流难题

有没有哪些措施和方法,是以自己的体系为核心,来实现流量增长的?有,用自己现有的存量用户,去寻找未曾进店的增量用户,通过爆款产品去吸引目标客户,让老客户带动新客户,永远是良性获客的基础逻辑。

我们需要利用常规产品和主打产品赚取利润,如果选用的引流产品看上去普普通通,可能并不能实现集中获客的效果。为此,我们需要基于自己的产品/服务,通过组合出有诱惑力的"爆品",来实现爆品引流。

爆品引流策略分为4个节点:获客触点、引流爆品、传播环节、爆店效果(见图1-41)。

(1) 获客触点

因为爆品引流的前提是以存量找增量,所以在整体活动的第一个环节,应该先着重考虑并明确,通过哪些获客触点,可以让顾客参与爆品活动。

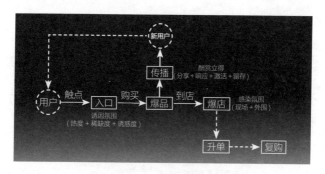

图 1-41　爆品引流策略

整体来说，在门店经营中，能够形成顾客触点的有以下4类。

① 线上媒介

线上媒介，即通过公众号、小程序、APP、H5、海报二维码等载体从线上途径接触顾客，老顾客通过微信会员卡或者所在的微信会员群看到爆品活动的消息。

② 线下门店

线下门店包括门店的装修、宣传物料、线下的购买流程、服务人员的SOP(标准化流程)等，与顾客产生进一步的接触，在线下服务和接触的过程中，展现、告知、邀请等形式，都是不错的让老顾客参与爆品活动的途径。

③ 产品接触

可以在产品的包装、说明书等处展现活动入口(二维码)。通过简单明了的描述，引导老顾客在购买产品之后，立刻通过手机参与到活动中。

④ 人员接触

比如导购人员、配送人员、技师、售后，不同的服务角色，对应的是活生生的人，而在每一个特定的环节，顾客的注意力相对集中，是了解爆品活动的好机会。

我们可以基于活动的属性或者店内的实际情况，在活动的主要接触点提前设计好相应的规则或者话术，能够起到更好的效果。在这一环节，有一些关键的参考原则。

- **员工可执行**：活动所设计的一切规则都应该以员工能够轻而易

举地完整执行为前提，如果你的员工执行力有限，那么就调整你的方案，让它再简单一些。
- **诱饵够直接**：我们需要将自己的产品以及店外的产品做组合，设计出所谓的"爆品"，那么所有刺激新老用户参与其中的诱饵，都应该足够直接，直接到可以一眼看见、一看就懂、容易拿得到、还想要更多。
- **氛围不能少**：如果活动缺少消费氛围，应该暂停执行。
- **流程够简单**：员工引导的流程和顾客参与的流程都要足够简单，尤其是顾客参与的流程。

(2) 引流爆品

承载整体活动的产品组合，必须具备两个特征：吸引关注、立即购买。具备此类特征的产品，我们通常称为爆品。

当然，并非所有门店都具备现成的爆品，甚至很多门店的产品销路不畅。那么，如何通过爆品引流呢？我们需要拓宽眼界，基于自身经营的品类，与外界备受关注、价值感强的辅助型产品进行组合，形成爆品套餐。

通常，爆品可以分为以下几类。

① 网红类

结合当下网络流行的商品，与自己主营有关联最好，没有关联也可以借用作为套餐内的一项，例如抖音网红糖、菠萝袜、脏脏包等。网红属性自带关注度，可以吸引大众消费的眼球，但需要注意时效性，网红产品一般红得快退热也快，如果选择了过气产品，效果将大打折扣。

② 高认知类

高认知类是指大众不需要教育，已经对某些产品有很高的价值认知，是贵是贱都有自己的心理判断，比如青岛啤酒，大众都差不多知道是什么价位，你如果找一个没听过的进口牌子，做高定价，用户不一定买账，因为他根本感受不到这个不知名品牌的产品到底值多少钱。

③ 刚需类

刚需类是指一定需要的产品，其可能是大众消耗品，例如日用品等，购买频次高，如果价格合适，会有消费者愿意囤货。其也可以是小众产品，但专人专用，比如孕妇待产包，只有即将生育的准妈妈需要，而且是必需品，这种产品瞄准目标客户时，只要有一个动心的理由，就足以促成买单。

理论上讲，产品足够爆，就能够从"吸引关注"无缝过渡到"立即购买"。但是对大多数中小规模实体店来说，现实中并不存在太多"好到爆"的产品，大多数产品面临严重的同质化竞争，有些店最后被逼到不得不打价格战。

我们需要在价值和价格的关系上进一步下功夫，通过要展出"超值"的感觉，让顾客立即下单。

要满足"超值"感，可以从两个方面入手。

- **付少得多**：从量上体现超值感，例如付1份钱，得多份。
- **高性价比**：从品质和价格的反差上塑造超值感，将大家公认的较昂贵的商品融入比较便宜的套餐，并非单纯降价，而是提升该价位的品质。

明确选品方向之后，还要注意用来引流的爆品以何种方式让顾客获得。从支付状态上来说，可以大体分为付费获得和免费获得，尤其要重视免费获得，千万不要直接以"进店免费领取"的方式对外发布，如果必须搞成免费，可以考虑通过完成任务的方式实现免费获取，例如成功邀请几名新会员，可以免费领。

在爆品引流活动中，我们主张大家通过付费形式启动活动，只有顾客付费了(而且付出的费用并不是低到可以忽略不计)，他们才有更大的概率出现在你的店铺活动现场。举个例子，别人送给你一张演唱会门票，和你自己花了2000元购买一张门票相比，如果同时遇到大雨天气，你在哪种情况下更容易放弃到场？

(3) 传播环节

对于一个引流活动，传播往往需要在短期内见效，并且要出现集中式滚雪球的增长，这对诱因和动机的要求更高，也更直接。

传播的话题要直接，如"哪里在抢购，超划算"；传播的动机也要够直接，如"参与就有红包，转发再得红包，朋友购买再得红包"。

对活动来说，价值感和利益刺激应该尽量放大，并且从直接得到到通过努力才能得到，都要有对应的规则和奖项。

以上是传播环节的核心要素：酬赏，我们需要让参与其中的顾客无论是在简单任务还是难度较高的任务里，都能获得奖励，当然若在这一过程中兼顾传播内容的趣味性、利他性效果会更好。

传播环节还需要注意传播的方式和承载传播的途径。通过对门店经营的观察，顾客一般会通过转发、转述等方式参与到对外的传播环节，门店也可以通过直接的广告投放来传递出自己的引流活动。在这三个具体的传播方式里，对引流活动能起到直接作用的是转发，我们需要为顾客提供一个可以随手转发的操作，让他们轻松参与，并完成传播游戏规则。

关于承载途径，基本上就是对转发功能的罗列，即具备转发功能，并且能够自动识别推荐关系、自动计算奖励并发放，常见的有：会员系统(网络版，打通微信)、小程序、分销商城、APP、H5页面。

(4) 爆店效果

爆品引流活动的最后一环是，要注意营造爆店效果。要努力让更多人看到，这家店非常火爆。为此，我们需要做以下两个方面的准备。

① 制造排队

顾客线上购买的爆品要到线下门店核销兑换领取，在此基础上，可以限定统一到店的时间。如此一来，现场就容易出现排队领取的氛围，而在排队过程中，往往会吸引那些原本并未参与线上爆品活动的其他顾客驻足参与。

所以，结合线上爆品引流，线下一定要准备另一个店内的承接活动，让那些前来排队的顾客有再一次享受福利的机会，而这个机会，是门店制造回头客和提升客单价的绝佳时机。

② 素材传播

实体店经营者要有网感，即不能按传统思维老老实实关起门做生意，而要熟悉网络环境和玩法，培养网络传播的意识，在爆店现场，无论是否来自爆品引流活动,只要能够体现顾客多、生意好的场景,一定要随手拍下来,形成素材,这些素材包括图片、视频、数据、图文报道等,通过后续的加工和投放,要在网络上、朋友圈中尽可能多地展示本店受欢迎的场景。

引流获客,只是会员制运营的开始,在面对流量时,要避免被线性思维左右,把"引流—意向—成交"变成一次性的,这种方式只会浪费流量,并且让门店更依赖新流量。

我们需要时刻谨记,会员制是从根本上解决低成本获客、长期持续复购问题的最好途径,它不仅是一种商业模式,更是一种经营思维,在这种思维下,面对流量时,你就会重点考虑如何让新来的流量成为"留"下来的客人,并且不仅留下,还要不断提升消费额,不断为你带来新客户。这样一来,传统线性思维就变成流量可再生思维(见图1-42):

引流→意向→成交→回流(黏性→升单→回流)→引流

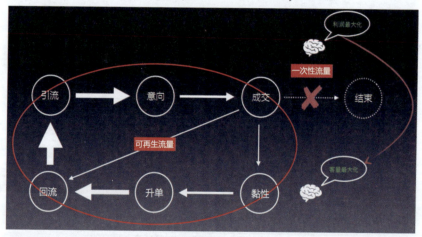

图1-42 传统线性思维变流量可再生思维

准备好引流的同时,一定要准备好,门店从此开始转入会员制经营。

本节重点

划重点

① 适合门店的引流平台,应该直接面对精准人群。这类平台引流的方式和原则,基本遵循如下逻辑:上套餐 → 买推广 → 做优化。

② 通过社群引流,必须遵循一些游戏规则。首先搞定KOL,其次上引流款,最后社区团购。

③ 与其他商户合作,希望他们的客户到自己店里消费,想实现这种想法,必须先搞定两个问题:别人为什么要答应跟你合作;如何让答应合作的店动起来。

④ 用自己现有的存量用户,去寻找未曾进店的增量用户,通过爆款产品去吸引目标客户,让老客户带动新客户,永远是良性获客的基础逻辑。

⑤ 爆品引流策略分为4个节点:获客触点、引流爆品、传播环节、爆店效果。

⑥ 引流获客,只是会员制运营的开始,在面对流量时,要谨慎对待,避免被线性思维左右,把"引流—意向—成交"变成一次性的,这种方式只会浪费流量,并且让门店更依赖新流量。

⑦ 流量可再生思维:引流 → 意向 → 成交 → 回流(黏性 → 升单 → 回流) → 引流。

留作业

① 包装一组爆款产品,具备两个特征:吸引关注、立即购买。

② 罗列可以推广这组爆款产品的所有你能使用的渠道。

③ 设计一个简单的裂变奖励机制,确保爆品可以被传播。

④ 让通过引流活动进店的顾客,为你的店铺营造一种门庭若市的氛围。

第 2 章

加速会员的销售转化

2.1
针对会员需求的场景化设计

"论立于此；若射之有的也；或百步之外；或五十步之外；的必先立；然后挟弓注矢以从之。"

——宋·叶适《水心别集》

大家一起回忆自己逛街买衣服的经历，我们更容易对哪种陈列方式的服装产生兴趣并最终购买呢？

A. 模特身上的衣服

B. 挂着的衣服

C. 叠放起来的衣服

相信多数人会选A。因为模特身上的衣服更容易看出效果，更容易想象出自己穿上的样子。

另外一个问题：人们更容易在生日(自己或别人过生日)时买整个大蛋糕，还是更容易在平时购买整个大蛋糕？

答案也很明显，生日的时候才会买整个蛋糕。但是对蛋糕店来说，他们如果想把蛋糕卖给不过生日的人，又该怎么做呢？把蛋糕切成小块。事实上，切成小块的蛋糕论分量计算的话，可能比整个蛋糕贵得多，那又是为什么人们会在生日的时候买整个，平时的时候买小块呢？

这就是场景化。

销售转化环节对店铺来说似乎已经是一件墨守成规、心照不宣的事情，大家普遍认为转化率的高低几乎只跟一项指标有关——员工能力。大家默认只要有好的导购，员工积极性足够高，进店顾客的销售转化就能上升。

其实不然。销售转化并非只依赖于员工(要不然怎么会有无人超市诞生呢),它几乎是店铺综合能力的体现。通常,员工只负责临门一脚,并且在现在越来越多的线下销售行为中,员工很少参与销售说服工作,更多的是引导与服务。所以,除了人为因素,我们应该把更多的精力放在其他能够促成交易的环节。

线下消费跟电商相比,最直接的优势在于体验,将体验再具体一些,其实是场景的呈现与感知。消费者面对更具象化的消费场景,才会容易联想到自己购买之后的样子,这是促使他们决定购买的第一要素。

如何进行场景策划

为了加速销售转化,我们需要为店铺策划出合适的场景去呈现给顾客,对于如何策划场景,我们给出的方法有三种:定位型、数据型、超级用户型。

(1) 定位型

通过店铺自身的定位去策划呈现给顾客的场景,是最直接的方式,因为你的定位基本上已经解释了你在为哪类人解决什么问题。我们只需要把这一描述更加具体形象地展示出来。

定位型场景只做一件事:需求切分。我们要在店铺内(或顾客能接触到店铺的其他地方)展示出"谁"的什么"需求"可以被如何"解决"。

> **案例:送礼只送脑白金**
>
> 脑白金的定位就是礼品,再具体一点,是送给老年人的礼品。他通过自己的广告对外传递一个具体的送礼场景:孝敬爸妈以及过年过节。现实生活中,这两个场景几乎是同时交叉出现的,脑白金告诉人们,过年过节看望老人的时候,送这个最合适。消费者在面临这种具体场景时,就不用再费心思选购其他礼品了。
>
> 脑白金其实是在通过广告的形式,为目标受众展现一种消费场景。

所以,我们要做的就是:

- **人群锁定**——给谁的；
- **明确消费环境**——什么时间、什么地点、什么心情；
- **聚焦需求**——干什么。

定位型场景的例子特别常见，他们经常以广告的形式出现在大众视线，比如加多宝和王老吉，是怕上火的饮料，再具体的广告画面上往往还要出现火锅，这都是为了让消费者知道，吃火锅的时候，可以首选的饮料就是凉茶。还有横扫饥饿的士力架，每一则广告都展现了一个具体的生活场景，然后告诉你，在这个时候，一饿就手软，饿的时候选择有很多，但他们更希望你想起士力架。

(2) 数据型

如果你并没有如此清晰的定位，可以选择使用数据型的场景策划。

> **案例**
>
> 某超市曾有过这样的调整，即在货架的陈列上将尿片和啤酒放在了一起。
>
> 这两个看上去完全不相关的产品，为什么要放在一起呢？通过消费数据发现，奶爸群体经常会同时购买尿片和啤酒，根据购物篮的数据监控，他们调整了货品摆放的场景，直接提升了奶爸群体在购物时的消费金额。

这是一个典型的案例，也为门店经营提供了一个新的思路，我们能否通过顾客的消费单据，找到某一类顾客的习惯搭配呢？如果你是在经营一家餐厅，可否统计出哪两种菜同时点单率最高？我们通过订单数据，其实可以观测出顾客是否存在共性消费：在一笔单据中，普遍存在同样的商品。

通过数据找到这样的搭配，其实完全可以定义为习惯搭配，然后再还原他们的消费需求：这些人在怎样的需求场景中，同时消费这些商品呢？把得到的答案作为接下来我们需要对外呈现的场景方案，相信会有更多不在"习惯搭配"范围内的顾客顺便消费其他顾客重点推荐的"习惯搭配"。

(3) 超级用户型

第三种策划方向是从超级用户身上找场景。首先我们需要了解超级用户的定义，并非购买金额越大的用户，才是超级用户，消费次数多、使用次数多的客户才是超级用户。超级用户有一个共同特征：对某些产品特别熟知和认可，并且在消费使用过程中非常在行。

我们需要观察这类人的高频消费行为，他们为什么如此频繁地购买呢？

> **案例**
>
> 美国香槟酒厂曾有过类似的调研，他们发现大众的年度消费曲线有两个峰值，基本上为春季和秋季，这两个季节会比较频繁地举行庆典活动，比如开学、毕业和比赛等，人们采购香槟主要用来庆祝，所以其认为这个消费曲线是正常状态。
>
> 但当他们锁定了一个小范围群体时，却发现这波人的年度消费曲线并没有明显的两个峰值，而是一条相对稳定的波动曲线，并且数值要比大众的消费量高很多。这说明有一种人一年四季都在大量采购香槟，并且并没有因为庆典活动的增加而出现明显的变化。
>
> 再深入调查才发现，原来这群人中的大多数是把香槟作为平时的饮品或食材调味用品使用，他们中的一些人不乏相当专业的烘焙高手，用香槟做烘焙并不是大众熟知的窍门。
>
> 后来，香槟厂家开始针对这小波超级用户，频繁组织顾客活动、沙龙，让超级用户在活动现场展示自己在日常家庭料理中如何使用香槟，在这个过程中，其他潜在的超级用户会深受影响，得到超级用户的指导后，很快加入了日常使用香槟的队列。
>
> 香槟不是用来庆祝的吗？怎么还可以做烘焙？这种观点不仅停留在大众消费者脑中，就连香槟厂的员工都始终认为"香槟等于庆祝"。
>
> 所以，观察你的超级用户，并向其请教，说不定你会发现自己的产品有更深的妙用。

除此之外，我们还需要找另一波用户——那些特别活跃，喜欢自我展示和信息分享的人，我们称为KOL(关键意见领袖)。他们总是乐此不疲地向他人分享自己的消费经历，并且自发地推荐自己发现的好产品，与其让他们自觉做这样的事，不如加以利用，总结他们自身的消费场景，或者为这些人设计新的消费场景，通过他们天然的社交属性，对外传播。

在传播的过程中，顾客更喜欢描述性文字(而且是最准确的描述)，并非产品的性能、参数等(这是你员工熟背的内容)，他们更喜欢向别人分享自己实实在在的消费经历：什么时间，在什么背景下，基于什么原因，做了什么事，最后得到了什么结果……

这不就是场景吗？

如何让场景可视化

设计场景，需要服务于销售转化，即通过一些可视化的形态展现给顾客。在常见的展示场景方式中，有以下三类，分别是文案、海报、陈列。

(1) 文案

文案可以出现在广告画面中，也可以出现在店内的标签、宣传品上，现在我们还需要让它出现在朋友圈中。

这需要我们把描述场景的文字尽可能"吸睛"地展现给消费者，写文案不一定非要有文采，在当下的信息时代，满足以下几点即可。

① 说"人话"

一旦涉及企业文案，我们本能地会用官方、严肃的口吻书写，认为这样才像企业作出的表述。这或许跟我们生活的社会环境有关，只要在正式场合发言或者打标语，脑海中就会浮现出官方发言的画面。如果留心，我们会发现身边"打官腔"的例子太多。

直到最近两年，网感文案兴起，人们发现竟然可以不用修辞，不排比、不押韵地去写文案。

我们需要试着"说人话"。我曾见过在菜市场卖香菇的摊位，每个盘子的边上都竖着一块牌子，上面分别写着：特别便宜，4.9/斤；个头很大，6.9/斤；不用挑拣，7.9/斤；超级好吃，9.9/斤。

建议大家在描述场景时，先用口语化的方式写下来，然后进行加工，加工的目的不是修辞，而是为了精简套话官话，剔除语病等，最后留下一句通俗易懂的"人话"就可以了。

② 幽默

如果想让文案更出彩，应尽量体现一些幽默感，网上流传过一张照片，画面上有一位老太太守着水果摊，水果旁边插着一个牌子，上面只有4个字：甜过初恋。

老太太、水果、初恋，这几个素材组合到一起之后，就会形成鲜明的幽默点，让人驻足的同时，也会微微一笑。

③ 短

最后一个原则，短，文案一定要足够短。

(2) 海报

海报在店铺内应用还是相当广泛的，但对于小规模店铺，海报可能仅限于POP手绘型的促销海报，上面写着今日特价，或者今天会员日，有多少优惠。

如果你只能制作类似的简单海报，没有问题，把上面的文案用简约的排版表现在海报上，张贴出来，或者拍照发朋友圈，够用。

如果你有设计能力，希望做一些图文并茂的海报，那么在体现场景时，就可以运用能够表现场景的画面，并搭配文案使用（见图2-1）。

图2-1 无场景设计与有场景设计

不管是做展架易拉宝，还是做张贴式海报，店铺的设计风格是时候告别文印店水平了。实景照片搭配文字的风格，很时尚，也很上档次（见图2-2）。

"文印店"常用风格　　　　　　设计师常用风格

图2-2　"文印店"常用风格与设计师常用风格

(3) 陈列

对店内来说，场景化的视觉呈现还有另一种重要的方式，那就是陈列，即商品的陈列以及店内的布置、服务指引，我们需要根据场景的类型，设计最核心的消费场景，然后在陈列方案上尽可能地把它们组合在一起，或者摆放在比较容易被人关注的地方。

就像尿片和啤酒搭配，它们在一起可能很突兀，但背后的原因，只有店长和目标客户心知肚明。

本节重点

划重点

① 场景化是促进销售转化的内因，消费者的需求并非时刻显露在外，多数消费决策是在无意识状态下临时决定的。

② 顾客看到了符合自己生活使用习惯的消费场景，能够让他们轻易想象出自己购买之后将会变得有多好。

③ 在主抓店员销售能力和积极性之外，我们更应该花一些精力去研究自己的店铺和产品，能够为什么人、在什么场合(时间、地点、心情)、解决什么问题。

④ 如果定位不够清晰，我们需要通过观测数据的方法，找到大多数顾客的相同选择，从而反推他们的使用场景，必要时甚至可以做一些顾客沟通和访谈，来向他们请教同时购买××和××，主要是用来解决什么问题。

⑤ 我们还可以从个别客户身上寻找答案，这些人要么是超级顾客，要么是本身具有强烈传播力和影响力的KOL，其切身消费经历和体验，就是你对其他顾客展示的绝佳场景，如果此时你还能发现一些更有名气的人物也出现在类似场面，不妨加入到你说服和呈现的方案中。

⑥ 有三种方法可用于实现场景可视化，即文案、海报和陈列。

留作业

① 选一款产品，设计一幅海报，能够明确地传达以下信息：什么人、什么需求、通过什么方式解决？

② 拍一组照片，内容是你的产品作用在顾客的工作和生活中的效果，选出一张发朋友圈。

③ 环视自己店铺的陈列，有哪些产品和服务可以向顾客展示他们正在享用的场景。

2.2
通过爆品设计加速会员成交

> "抱玉入楚国,见疑古所闻。良宝终见弃,徒劳三献君。"
> ——唐·李白《古风·抱玉入楚国》

iPhone11系列新品发布之后,网上吐槽的声音越来越多,很多人把苹果新款手机的三摄像头造型吐槽成浴霸、煤气灶,但这仍然抵挡不住消费者的热情。据报道,iPhone11系列第一天的预售量与去年同期相比,增长了480%,最受欢迎的是此前从未出现过的新配色。

年轻一点的朋友会对小米手机的饥饿营销印象深刻,在2017年前后,小米手机的抢购达到峰值,往往每发布一款新品,就会在几秒钟之内售罄,然后让你预约第二轮、第三轮,接着被"耍猴"。

名创优品曾透露,他们有一款眼线笔,只有两个颜色,黑色和灰色,售价为9.9元一支,年度销量为1亿支,单品的年销售额为10亿元,如果他的利润只有1元,也就是1亿的利润……

这些案例都在说明一个问题:总有一些产品,火爆到让人忍不住想要。

不可否认的一个观点是爆品可以直接刺激销售转化,要不然它也配不上"爆品"的称号。

但爆品给人的感觉是可遇不可求,不是所有的店铺都认为自己拥有撬动顾客前来疯抢的爆品。事实上,无论你现在从事什么行业,店铺规模大小如何,如果你无法打造出爆品,几乎很难在网红当道的今天存活下来。每一家店铺都需要做好爆品策略,去加深产品本身对顾客消费的附着力。

爆品对会员起到何种作用

我们需要先弄清楚爆品对会员起到哪些作用，才能更准确地制定爆品策略，将自己的产品打造成具有爆品属性的商品。以下是三种爆品对会员所起到的作用。

(1) 激发直接购买欲

开篇我们已经描述过，爆品可以直接促进销售转化，就好像顾客在没有明确消费需求的时候，会毫不犹豫地购买爆品。如果我们这样理解爆品策略，则很难打造出爆品。我们需要进行剖析，为什么爆品可以激发消费者的直接购买欲，他绝不是那种平地一声雷、一经问世就惊世骇俗之物，商品之所以能够"爆"，肯定具备了某些后天人为因素。

本节开篇引用了李白的诗，诗中讲的就是和氏璧的故事。我们都知道和氏璧成为春秋战国时期人人必争的宝物，相传得和氏璧者得天下。和氏璧不仅在当时，乃至在整个历史中都绝对称得上一件"爆品"。但它背后的故事却是，它曾三次被帝王当成石头遗弃，献宝的卞和被治以"欺君之罪"，先后砍了双腿。

和氏璧面世后，成为楚国的国宝，从不轻易示人。后来，楚国向赵国求婚，使和氏璧到了赵国。公元前283年，秦国听说赵国有和氏璧，提出以15座城作交换，因赵弱秦强，赵国不敢怠慢，但又不情愿，便派智谋双全的蔺相如奉璧使秦。蔺相如知道其中有诈，偷偷将和氏璧送回了赵国。此事便为"完璧归赵"。

公元前221年，秦朝统一六国，和氏璧也随即由赵国落到了秦始皇手中，秦始皇命人将和氏璧打造为镇国玉玺，上面刻下"受命于天既寿永昌"八个大字。自秦灭后数百余年，和氏璧一直为世人争相抢夺之物，这种微妙的平衡一直延续着。

通常爆品能够让人迅速联想出更多与自己相关的使用场景，这些脑补的画面就是你用来说服自己购买的理由，比如和氏璧，后来变身为镇国玉玺，给人的感觉就是只要得到这块玉，就拥有了天下权利，这种想象中的画面构成了产品本身所带来的特定场景，使人更加放大了产品本身的价值感，刺激占有欲的提升。

另外，爆品通常具备精准的诉求点。比如，苹果的电子产品，主打超强性能、系统稳定、品牌调性高端，那么当你想要为自己添置一件高性能的智能硬件时，其实已缩小了范围，若你还对品牌调性有要求，基本就能锁定苹果。但反过来，如果你追求配置的先进性，追求性价比，则可能会对小米的产品产生强烈的兴趣。如果你喜欢高性能，又有国货情节，那么基本上在选择数码产品时会直接聚焦华为的产品。

爆品之所以成功，一定是他对消费者的核心诉求抓的非常精确，产品特征一定是顾客最关注的点。

另外，爆品还能让一些没有立即采取行动的人先"种草"，在发现价格有惊喜时，疯狂拔草。这种情况在双十一电商购物节中最为常见。

(2) 短期内销售数量突出

爆品的第二种表现是它在你所有品类的销售中，短期内的销售数量特别突出。这种表现最适合店铺去寻找或发现自己已有产品中哪些是具备爆品潜质的，可以通过数据的表现提取出来，加以包装和设计，让它成为店铺真正的爆品(见图2-3)。

图2-3 店铺爆品

基于这种表现，我们也能够明白为什么电商平台上经常会有店铺打造一个超级销量的产品。这种产品往往贴着利润搞，目的就是在用户搜索结果中排名更靠前。人们愿意购买那些已经被证实热卖的商品，这里面有两种消费心理因素在起作用。

- 从众心理：无意识跟随，哪家人多去哪家。
- 鉴别惰性：不知道买什么好，看到销量高的，会认为多数人的选择总是对的，因为肯定有很多人已经替自己鉴别过了。

按这种说法，你想为自己打造爆品，起码应该在销售数据上多下功夫，展示出某个产品曾被多次购买。

(3) 被列入必购清单

除了那些现象级产品，常规性产品成为爆品，很可能是因为它们被列入了消费者的必购清单，意思是用户到这个地方消费，一定会买的；进了一家饭馆，一定会点的。

案例：西贝莜面村——"闭着眼睛点，道道都好吃"

西贝莜面村在改革自己菜单时，几乎砍掉了80%的菜品，把一本厚厚的菜单精简成了一张纸，配合自己的宣传口号："闭着眼睛点，道道都好吃"。这是典型的爆品策略，他们通过数据，将之前顾客点击率最高的菜品保留了下来，就是在强化爆品的印象。而且减少了品类，厨房可以把精力聚焦到精简后的20道菜上，菜品烹饪质量得到了提升，效率也同步提升。

很多食客表示，虽然减少了菜品数量，但自己喜欢的菜都在。西贝在顾客必购清单这件事上几乎做到了极致，他们要把每一道菜都做成必购。

对其他店铺来说，完全用不着如此极端，我们要做的是在店内有意识地塑造"必购清单"，如果你也经营一家餐厅，在菜单上的个别菜品后面标注推荐指数，就是一种具体举措。类似地，还有"店长推荐""人气王""招牌菜"等说法，我们需要为顾客设计好必购清单，一是从顾客已购数据中提炼，二是基于经营策略直接打造全新的必购系列(当然，你一定要保证你推荐的必购品是有说服力的)，如图2-4所示。

图 2-4 巴奴火锅的"12 大护法"和"重庆火锅必点"

除了在店内塑造"必购清单",我们也要关注店外流传的话题。我们需要有意识地强调舆论话题,让外面流传出类似这样的声音:去某某店,一定要买某某东西。

如何打造店铺的爆品

在了解了爆品的表现特征和作用之后,接下来我们需要进一步学习如何为自己的店铺打造爆品。我们将打造爆品的方法进一步分类,方便门店经营者根据实际情况选择适合的打法:USP型、话题型、超值型、精美型。

(1) USP型

USP型爆品打造是指将自己门店的具备独特优势的产品拿出来作为爆品的基础,也就是你比同行做得好的产品。

如今,这成了尴尬的难题:我们很难发现自己店铺的独特优势。其是外部同质化竞争严重造成的,但更多的原因出在店铺内部,没有"一技之长"的门店终将面临淘汰,不管是门店的USP还是产品的USP,都必须认真打造。

我们需要弄清楚如何锁定自己的优势,对大多数门店来说,从开业之初就树立独特性并不多见,需要在日常经营中先学会找到自己的USP。这里介绍两种方法:店内自查、顾客调研。

① 店内自查

店内自查是指通过观察自己的生产流程、服务流程,寻找那些表现出压倒性优势的产品或服务,这一过程需要由店主自己回答,不同岗位的店员回答。以下为大家罗列出弄清本店"USP"产品的11个问题,大家可以针对这些问题,写出你的答案。

- 请列举你的店铺商品的三个特色。
- 目前最畅销的商品是什么?请分别从销量和营业额两个方面说明。
- 至今店内最畅销的商品是什么?请分别从销量和营业额两方面说明。
- 你认为该商品畅销的原因是什么?
- 为什么这么说?
- 请列举你的店铺在服务方面的三个特色。
- 在服务方面,最令顾客感到满意的是什么?
- 为什么这项服务最令顾客感到满意?
- 请列举你的店铺在价格方面的两个特点。
- 你认为你的店比其他店铺实惠的商品或服务是什么?
- 你的店铺人均价位与同行其他店铺相比,是高是低?

如果你认真回答完这些问题,可能会感觉到"原来这才是我们店的USP型产品""为什么原来并没有发现这些特点?"其实有很多店铺都会发现自己店铺有许多以前没想过、没发现的意外特点及长处。

② 顾客调研

我曾遇到过这样一个案例。一个拉面店将店铺重新装修后,顾客反而不再光顾。店方做了顾客调研后发现,以前这家店的拉面分量是其他店铺的1.5倍,而重新装修后,面的分量变得跟别家一样普通了。

原本你的"USP"是"量大",而当经营者没有注意到这一点时,很可能作出失败的改变。引导顾客说出你的独特优势，可能比自己发现的或理解的更直接有效。具体方法如设计选项型问卷、开放型问卷，或者直接询问顾客，目的是搞清楚消费者为何进店，以及店里哪个地方做得不错。

我们之所以寻找具备USP特征的产品，并不仅仅是因为这种明显具备独特优势的产品特别好卖，而是希望大家更多地发现并强化自己的独特优势。首先，你能脱口而出自己的USP特征；其次，不断地强化这些特点，让你的顾客感受到这些，让他们觉得"我也很认同这家店的理念"。

寻找USP，其实是为了寻找能够引起顾客感动和共鸣的根源。

(2) 话题型

话题型更容易引起传播，相对来说也更好理解，我们可以分为4类：故事、热点、情怀、绝活。

① 故事

故事是指你的产品和服务背后的渊源，但要注意，不要为了编故事而编。

② 热点

热点是指产品的反应速度跟得上网络，你的产品和服务能够跟网红或者流量IP有关联，就会让顾客很快注意到你，并且留下印象：这家店与时俱进啊！比如复仇者联盟4上映后，就有很多同主题的产品上线，这些产品仅在配色、印刷上体现一些潮流元素，就能够在当时吸引更多的眼球。

③ 情怀

情怀是指你的产品够讲究，也是你区别同行的直接因素，你是基于什么来输出产品和服务的，你的理念是什么，你希望什么样的人可以实现怎样的结果，这些都是情怀的体现，把你的诚意、你的追求以及价值观体现在自己的产品上，一定能够打动人。

有一个国产宠物粮品牌，叫作寻本，他们在自己的产品宣传上就不断地提出自己的理念，"一份寻本溯源的诚意，一份独特的宠爱"，这些都让他们坚持使用天然、可追溯供应链源头的食材，去认真地出品健康宠食。他们展示创始人与宠物的温馨合影，在各种渠道讲述自己的品牌故事，这些都在传递一种信号：如果你够讲究，我绝不将就；如果我够讲究，你也不再将就。

④ 绝活

绝活是指能够证明这款产品与众不同的地方，是能够产生尖叫点的地方。绝活通常辅助渲染和烘托你的产品，让外面的人见识了绝活之后，会觉得你的产品值得信赖。

这些话题，就是购买的理由，并且是缩短决策时间的主要因素，我们需要把选出来作为爆品的产品赋予话题，让他们更好地被人接受、传播。

(3) 超值型

在会员制运营模式中，我们在很多环节都用到了爆品策略，其实多数情况用的就是超值型爆品，因为它与价格有直接关系，更容易让人在"购买"中产生简单粗暴的感知。

打造超值型爆品，一般从两个方面着手："高品质"抄底价""，基础款"免费化"。

① 高品质"抄底价"

高品质、高性能的产品，往往对应的是高价格，当这些产品以超低的价格出现时，人们才会产生强烈的消费欲望。上海开市客开业当天就被客流挤爆，不得不在下午宣布暂停营业，如果大家关注了相关报道，会发现前往抢购的商品要么是茅台，要么是奢侈品。

一定要明白，并非价格越低越好，而是价格与价值的反差越大越好，消费者并不是喜欢便宜货，大家更喜欢好而不贵的东西。

② 基础款"免费化"

基础款"免费化"是指店铺内的基础项产品或服务，要想办法让顾客感觉到是在免费享受。例如洗车行，各种洗车行在洗车这个项目上很难作出太大的差异化，利润空间很小，在价格层面抢客流效果一般，因为你拿不出多少空间作为诱饵。很多行业都有类似的情况，一般都有一个主营的基础型产品，这种产品大多数同行也都在经营，我们与其降价让利，不如一降到底，直接"免费"。

当然，这种免费是需要设计的，还拿洗车为例，你可以主推打蜡会员卡，附送免费洗车次数，会是一个具有颠覆性的策略。

(4) 精美型

2018年开始，精品电商越来越受欢迎，所谓精品，前提是精美。高颜值的产品会被更快地买走，所以，把自己想要打造成爆品的产品，搞得更精美一些吧，至少从视觉上提升颜值。

精美型爆品针对感官流的受众，所谓感官，无外乎视、听、触、味、嗅，我们需要在这些感观层面创造强印象、强感知和强烈的辨识度。

日本东京都千代田区有一家餐厅，叫作神保町BAL，里面有一款沙拉很特别，名字叫祇园祭沙拉，是一款专注于声音而打造的科布沙拉，它在常规沙拉基础上，增加了一个带把手的酱汁碟和铃铛，每次有客人点这道菜的时候，上菜时都能传出叮铃叮铃的声音，配合"祇园祭"这个名字，很自然就能让当地人联想到祇园祭活动上祭神花车的响铃声。

当然，如果你的产品需要在互联网上露脸，一定要把自己变成"美图党"，在任何地方展现产品图片时，务必注意采用高清精美的图片，包括特写图(展示细节、局部、特点以及性能)、场景图(配合场景化设计的消费场景展示)、一图流(图文结合的形式，一张图看懂)。

本节重点

划重点

① 爆品是可以促进销售转化的另外一种策略，我们需要明白，这是一种策略，所以无须担心自己没有那种可遇不可求的惊艳产品。

② 那些能够激发直接购买欲的产品被称为爆品，那些在短期内有突出销量的产品可以被称为爆品，那些可以被顾客列入必购清单的产品也是爆品。我们需要找出自己店铺符合爆品特征的产品或服务，进行包装设计，让他们成为推动店内销售转化的直接诱因。

③ 打造爆品有几种路径，可以根据自己的USP打造具有独特优势的爆品，而在确定自己USP时，可以通过门店自查和顾客调研锁定现已存在的优点。

④ 如果你希望顾客可以"慕名而来"，就需要设计出与话题有关的产品，让话题带着产品在顾客之间传播，话题型爆品包括故事、热点、情怀以及绝活。

⑤ 我们最常见的爆品形式，是与价格有直接关系的，要么是高品质的东西以超低价销售，要么是将主营的基础型产品包装成"免费"方案。总之，如果要打"价格战"，那就只有一条路可走：把价格拉到竞争者无法跟进的程度。

⑥ 提醒各位店铺，应该注意当前消费时代的特征，人们越来越喜欢精美的产品，而精美本身已经不局限在产品的内在。我们需要通过打造感官上的"精美"，从视觉、听觉、触觉、味觉、嗅觉五感上打造强印象、强感知、强辨识度的产品，如果需要用图片展示产品，务必让自己成为"美图党"。

留作业

① 列出你店铺中的"必购清单"，并写出具有说服力的理由。

② 哪些商品是本店销量最高的？拿出来分析原因，判断是否具备爆款的潜质。

③ 为你的"招牌产品"精心拍摄一组美图，试着用一张长图来展示它。

2.3
善用酬赏和时效加速成交

> "求之不得,寤寐思服。悠哉悠哉,辗转反侧。"
> ——先秦·无名氏《诗经·国风·周南·关雎》

在思考如何能够促进销售转化时,我们会率先想到节日促销,无论是电商平台还是线下商场,重大节假日的时候总是消费高峰。节日对店铺的作用,已经到了让人分不清究竟是因为过节人们愿意主动增加消费,还是因为店铺推出的节日活动优惠力度吸引了消费者。

不管怎样,所有的商家都在坚定地使用"促销活动"这一利器来在短期内提振销售业绩。在研究如何在店铺施行会员制模式时,我们针对销售转化环节要做的就是找到所有能够加速成交的因素,应用到日常经营中。

关于节假日的"促销活动",我们可以拆解出两个关键因素:酬赏、时效。对于促销的优惠规则,我们可以称为对消费者的酬赏,而每一次活动都有时间限制,则可以理解为时效,接下来,我们将针对酬赏和时效,做进一步的分析。

哪些酬赏能够刺激成交

在会员权益中,可以把酬赏分为前置酬赏和后置酬赏,意思是会员得到的酬赏是发生在消费前还是消费后,这两种酬赏在销售转化上有不同的作用。

(1) 前置酬赏

前置酬赏,一般是指在消费前已经获得的某些权益,这些权益由于是消费前获得的，容易在顾客心理层面产生"弃之可惜"的压力。这正是我们需要的，给消费者适当加压，让那些觉得放弃某些优惠特别吃亏的顾客决定完成这笔消费。

有过网购的经历的朋友可以回想一下，自己有没有因为购物满99元包邮的政策，点开了"去凑单"的按钮，在计划外增加了消费金额？这就是前置酬赏在起作用，如图2-5所示。

图2-5 "去凑单"按钮

前置酬赏包括会员本身的权益和顾客普适性的进店权益。当新人入会之后，店铺送给新会员的入会礼中，就包含了不同层级的酬赏，从免费体验类到无门槛优惠再到定向优惠等，是为了让新会员尽快参与到消费过程中，我们需要让更多的人通过消费来了解店铺的优点和值得信赖之处，从而往下发展。

过了新人期的会员，在权益设计篇章中我们还提到过定期发送电子券以及不定期发送电子券等方法，不定期的优惠是为了产生惊喜，而常态化定期福利，则是为了培养消费互动习惯，以及引导消费。

前置酬赏中的进店权益，则是在充分考虑线下场景的情况下增设的营销行为，我们可以把"天猫法则"搬到线下店铺中，让顾客习惯"先领券再消费"的流程。

（注：天猫法则是指，用户在逛天猫时，经常会看到店铺的优惠券信息，而此时用户往往在没有太深入浏览的情况下不由自主地点击领取优惠券，当他们领了优惠券之后，心理上就增加了一种消费压力，总觉得如果不把这张优惠券用掉，自己就吃了大亏。）

我们可以引导进店的顾客先扫码领券，告诉他们领到的券仅限当天使用，这一举动主要是为了刺激上述的心理开关，由于介入了线下"扫码领券"的操作环节，这一过程还可以完成从普通顾客到激活会员卡的目的，采集到会员信息，从而导入到会员制的大循环中。

在线下门店，除了引导顾客先领券，还可以常态化进行签到送积分、积分抵现金的活动，相当于用互联网管理工具把用户从线上拉长到线上，只要顾客与店铺有可以互动的通道，我们就可以通过不同的前置福利来吸引他们尽快完成"不占便宜就是吃亏"的消费行为。

另外，值得一提的是，"试用"这种行为，本身也是前置酬赏的一种体现，如果你的产品或服务需要通过顾客体验才能完成消费决策，就一定要坚定地把"试用"搞下去。

(2) 后置酬赏

后置酬赏，就是在一次消费完成之后，又一次获得了消费福利，这种方式因为发生在消费完成后，它的主要作用就是刺激二次回头消费。

消费后的酬赏，可以在消费时自动触发，称为"消费返"，通过会员系统管理工具，实现消费自动触发奖励，触发的条件可以是满额自动返、消费指定产品自动返，而返的后置酬赏，可以是下次使用的无门槛券，也可以是搭配当次使用的套餐福利券，主要是让顾客获赠关联券，把消费行为持续下去(见图2-6)。

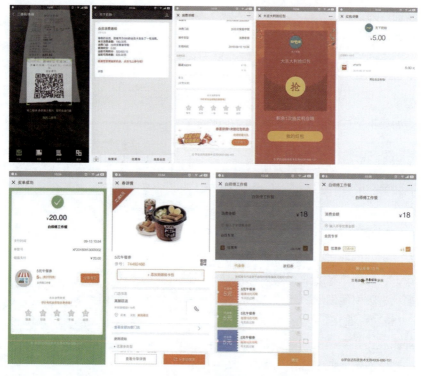

图 2-6 后置酬赏

另外一种后置酬赏,并不一定发生在消费后,而是在作出某些有利于门店的行为之后。比如顾客产生推荐行为,顾客累计消费次数或金额达到一定数量,以及顾客完成了某些可以获得积分的奖励任务。我们把这种类型的酬赏形式默认为"任务",就像游戏里面的任务一样,做到了,就可以获得奖励,因为奖励本身是通过用户自己的努力得来的,相比于其他免费获取的酬赏,前者更被珍惜,然后将他们的"任务"奖励统一成店铺内的"货币"——通常被称为积分,用积分抵扣其他消费。

如何营造具有时效的促销活动

时效是伴随酬赏同时出现的一种心理压力状态,当顾客获得的特权很容易走到"消失"边缘时,消费压力可以驱动消费决策的产生。这也是为什么促销活动都喜欢"秒杀""最后3天""仅剩1件"等描述。时效具体表现为稀缺性和紧迫感。

(1) 稀缺性

稀缺性是为了营造一种很难得到的机会，我们可以统称为限购。比如某些商品仅限会员身份才能购买，或者某些消费场景是可以安排会员优先的。人是一种奇怪的矛盾体，他们既喜欢排队，又讨厌排队，喜欢排队是因为跟风，讨厌排队则是因为等待容易产生焦虑。因此，凭借某些身份免排队的这种体验就可以称为稀缺资源。

为了营造稀缺性，有些商家会采取限量供应的策略。

(2) 紧迫感

紧迫感是为了让到手的特权变得稍纵即逝，这也是为什么我们要给会员权益加上有效期，而且有效期越短，刺激消费的效果就越好。

对于紧迫感，可以理解为"秒杀"，再不出手就没了，"过了这村就没这店"。记得火车上卖盒饭的工作人员如何叫卖吗？"最后一趟啦，最后一趟，供应热乎乎的米饭套餐，马上下班，不再过来啦！"

想制造紧迫感，我们可以定期、定时、定量地搞促销，并且尽量在视觉素材上体现一些营造氛围的文案，比如在线商城页面上的仅剩X件，团购活动的倒计时在飞快地跳动，这些都可以营造出紧迫感。

本节重点

划重点

① 促进销售转化的最后两个策略是酬赏和时效，两者一般同时出现，相互配合使用。

② 酬赏可以理解为让顾客获得消费的福利特权，手握特权的顾客比没有特权的顾客更容易产生购买。

③ 对于酬赏的使用，还可以分为前置酬赏和后置酬赏，前置酬赏主要指在消费前已经让顾客获得某些权益，然后配合时效性，刺激顾客消费；后置酬赏主要指在消费后继续让顾客获得某些权益，产生关联消费的牵动力，以促进回头消费。

④ 时效则可以理解为稀缺性和紧迫感，从时间和供应上限制顾客消费，反而会刺激他们更容易消费，这是因为制造了消费心理压力和焦虑感，是典型的通过消费心理促进成交的策略。

⑤ 通俗意义上理解的"限购"和"秒杀"是对稀缺性、紧迫感很好的解释，在稀缺性的营造上，可以采用会员专供、会员优先以及限量发售等具体打法，在紧迫感的塑造上，就需要对时间的概念更加强化，定期、定时、定量，不仅从活动方案上，也要在可视化的宣传物料和文案上尽可能地使用带有紧迫感的文字。

⑥ 对销售转化来说，酬赏和时效应该被充分应用在会员体系设计中，我们可以发现，在会员制的整体运转过程中，会员体系几乎就是一个核心枢纽，围绕顾客成为会员的游戏规则，从不同的营销目的切入，去经营顾客与店铺之间的关系。销售转化不应该被单独理解为员工的销售能力，而是店铺的综合服务能力和会员策略的策划能力。

留作业

① 策划一个在顾客消费之前就可以得到福利的行动。

② 策划一个在顾客完成本次消费后就可以立刻获得的新的优惠福利的活动。

③ 试着把你店里的优惠券有效期缩短至3天内有效，看看顾客的反应。

第3章
会员营销的宝藏——数据

"知彼知己,百战不殆;不知彼而知己,一胜一负;不知彼不知己,每战必殆。"

——春秋·孙武《孙子兵法·谋攻篇》

会员制的核心就是用户数据,会员与其他顾客的区别在于你是否能获取更多个体的消费数据,通过这些数据来逐渐加深对顾客的认识和了解。而对门店经营来说,数据则是做任何决策的依据。

例如,当我们需要选货上新的时候,要么根据自己的经验判断,要么根据个别同行的动向选择跟进,而我们通常理解这就是所谓的流行大趋势。

例如当我们遇到淡季或节假日需要做活动时,往往也会开个专题会,讨论活动方案,但你会发现评判方案是否可行的重要依据,只有一条:这种方案我们以前搞过没,如果搞过,那不行,不够新颖;如果没搞过,可以试试。

长久以来,门店经营决策靠老板一人决定,而这种决策依据逐步形成习惯,变成了以人为主观因素为导向,慢慢地,我们会发现以下现象。

- **被动上新**:附近同行流行什么,我们就要上什么。
- **经验判断**:我们自己认为什么好,就会做什么。
- **群策群力**:大家一起商量接下来该怎么办。
- **心血来潮**:感觉最近应该搞些动静出来。

缺少决策依据,经营就不可控,也没办法保证计划的有效落实,所以对于会员体系中的数据管理,需要门店经营者以最高的关注度来认真对待。

店铺的数据管理有何意义

很多店铺都配备了管理系统,来实现日常业务交易的信息化,数据收集和统计并非空白,却存在以下问题:

- 营业数据只用来对账,即店长和财务每天的工作就是反复核对当日小票、单据和金额,统计数据最大的用途就是对账;

- 顾客数据的收集搞不下去，有不少店铺如此反馈，说在外面听了一堂课，老师讲统计到店顾客的信息很重要，然后就要求员工把每一个进店顾客的特征都记录下来，但做了不到一个星期，就坚持不下去了。

你问每一家店，他们都会承认数据管理很重要，但上述这些情况普遍存在，问题出在哪里了？首先，其只是笼统地认为重要，并不清楚数据对门店来说到底意味着什么，弄不清数据的偏重点。其次，不知道应在数据管理层面上做哪些具体工作。

所以，我们首先要弄清楚，数据管理对门店的意义是什么？

既然大家普遍喜欢看财务收入，那么我们就要追问，老板要每日经营汇总，目的是什么？无非是想了解目前店铺的经营状况，那么继续追问，影响经营状况的因素有哪些？

数据管理就是为了让门店更清楚自己的经营状况，而在经营状况中，我们应该更加强调的是顾客的状况(因为顾客才是支撑经营收入的关键)，通过对顾客消费情况的了解，有针对性地作出营销决策，目的是实现低成本获客，长期持续地重复消费，最终确保业绩提升(见图3-1)。

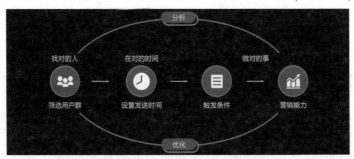

图 3-1　数据管理

抽离概念之后，数据管理的意义可以提炼出这么几个关键词和逻辑关系：

- "顾客情况"决定"经营情况"；
- 根据"顾客情况"，制订"营销决策"；
- 看数据的核心目的是"提升业绩"；

- 提升业绩的关键在于两点,即"低成本获客"和"长期持续地重复消费"。

总结:数据管理为门店提供决策依据,用来提升门店业绩。

从哪些方向入手数据分析

我们发现,对于数据的运用,以前总是站在店方的角度,以店铺为核心看数据,这时候你会发现统计数据复杂多样,且每一个数据领域都很专业,这种数据结构会演变成收入分析、销售分析、成本分析、库存分析、产品结构分析等。

而现在,拆解了数据管理的几个核心逻辑之后,我们发现决定店铺经营状况的最关键因素是顾客:顾客多了,人气就高;顾客愿意花钱,业绩就高;销售顾客不喜欢的产品,你会被逐步淘汰;做了顾客感兴趣的活动,你会多搞,等等。

我们从以店铺为数据的核心,转移到以顾客为数据的核心,那么就能够在自己能力可及范围内,弄清楚店铺应该从哪些数据方向入手,开启数据化经营的大门。

既然数据的核心是顾客,我们围绕顾客,可以发现有6个数据方向与门店经营有直接关系:社会属性、渠道来源、营销偏好、产品偏好、价值划分、影响力(见图3-2)。

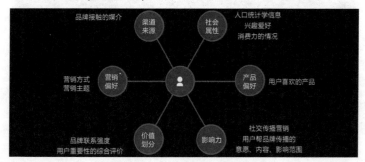

图3-2 6个数据方向

① 社会属性

社会属性是对顾客基本情况的了解,主要体现在人口统计学数据,包括姓名、性别、年龄、生日、地区、手机号等。

我们往往在会员招募环节获取以上基本信息，另外，对不同行业的店铺来说，除了基本信息，还可以补充的社会属性是基于服务需要的个性化数据，比如口味偏好、皮肤情况、有无过敏史、特殊纪念日、保险到期时间、车牌号等。

社会属性的数据是为了让店铺"认识"自己的核心顾客，不看数据，只凭感觉，你很可能会错误地判断自己的主力客户群体。曾有一家内衣店就是如此，店主很自信地说自己面对的群体就是30～40岁的人群，但一翻他的数据报表，发现主力客户群体的年龄竟然是25～30岁，他的选品方向都是基于30～40岁的人群，还一直感叹自己店铺为什么业绩一直下滑。

要知道，人会出现选择性记忆，就好比大街上每天都在跑各种品牌的汽车，当有一天自己买了一辆车，你会发现怎么之前没注意，和你开同款车的人这么多。

② 渠道来源

知道进店顾客是谁之后，还需要了解他从哪里来。这一数据是为了统计门店的推广渠道，便于锁定投入产出比最高的渠道，比如他是基于位置，经常在附近活动，从而找到了店铺？还是在网上地图导航找到了周边商家？或者看到了电梯广告、传单、抖音、朋友圈等？

有了渠道来源数据，店铺才能给每一次的营销活动匹配更合适的外部渠道，如果发传单效果实在不如朋友圈，你就没有必要让自己的员工在闲暇时去大街上发传单，这对你优化资源、提高效率、降低宣传成本有直接帮助。

③ 营销偏好

知道了顾客从哪里来，就要进一步了解他们偏好的营销方式，你会在某一渠道上尝试不同的活动，尝试不一样风格的营销主题，虽然大多数人从同一个渠道进来，但这并不能保证这一渠道上的所有活动都奏效。

如果没有营销偏好的数据，你很可能会遇到这样的场景：在之前效果最好的推广渠道下推出大转盘抽奖活动，竟然没有太多人参与。你会怎么想？一定是这个渠道出问题了，以后再也不用这个渠道了。

你在对的渠道投放了错误的营销行为，整个事情就会都变错。所以，对于营销方式、营销主题，我们可以通过数据进一步搞清楚。

④ 产品偏好

我们需要了解顾客的产品偏好，不需要做太多解释，我们都知道了解顾客对产品的偏好意味着什么。

⑤ 价值划分

关于顾客价值划分的讨论比较少。还记得上面那个内衣店案例吗？为什么老板印象中30~40岁的顾客居多，实际的销售数据却反馈核心顾客的年龄为25~30岁？这就是没有做价值划分。

我们需要弄明白顾客与店铺的价值关系，才能分清哪些顾客在业绩贡献层面非常重要，哪些顾客在帮你传播，哪些顾客在带新人方面做了更多的贡献，更重要的是，让你避免为不那么重要的顾客作出一些不利于核心顾客的改变（个别人的抱怨总会让人容易动摇，从而作出讨好这个人的改变）。

⑥ 影响力

前面都是与顾客消费有关的数据，而影响力则是反映顾客价值的另外一个延伸数据。你的客户中，个人影响力是大是小？哪些人能够帮你传播？客户的传播意愿如何？传播之后的效果好不好？

如果没有这些数据，你从外面学的各种裂变、邀请转发可能都很盲目，根本无法估计自己的顾客群体会作出什么反应。

通过上述分析，我们发现围绕顾客的6个数据维度，可以帮助店铺在有针对性地提升业绩上提供更多有效的依据，相信很多店铺经营者在看到这些数据类型时已经涌现出"假如我知道这些数据，将会怎样怎样"的设想，但全部做到上述6种数据的收集和分析工作，对门店来说并非易事。

关于数据，门店立刻能做的事有哪些

弄清楚方向以后，我们需要继续寻找大多数人可以立刻上手做的具体事项。如果让一个中小规模的店铺通过系统处理并运转上述6类数据是一项庞大工程的话,我们就需要抽离出最简单有效的一些事项落地实施。

化繁为简,门店立刻能做的事可以分为4个方面:用户画像,需求偏好,用户价值,效果评估。

(1) 用户画像

通过用户画像,我们可以了解顾客的基础信息。我们需要把核心顾客的大致轮廓勾画出来,初步确定我们的主力人群是谁、从哪里来。

在这一步,店铺需要收集的数据包括会员的基础信息,涉及上面说的社会属性,即人口统计学数据,包括:姓名、手机号、性别、年龄、生日、区域、身份和兴趣等,结合行业特征可以补充个性化信息。

另一部分体现用户画像的数据是渠道来源统计,现在的会员软件已经可以自动统计到一些顾客来源,比如在梦自达会员系统中,就可以区分顾客是线上来的还是线下来的(见图3-3)。

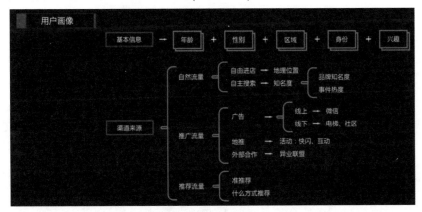

图3-3 用户画像

对于线上渠道,还可以进一步筛选细分,是从大平台(微信、支付宝)来,还是从营销活动(游戏、电子券、老会员推荐)来,或者在直接购买产品时成了会员(团购、商城等)。

对于线下渠道,需要区分登记的终端,比如顾客通过扫码支付的方式注册会员，还是使用pos机、刷脸支付工具，或者直接通过商家工作人员的APP/电脑面对面完成登记。

除了会员软件自带的这些统计功能之外，我们需要另外关注外部推广渠道。在流量获取部分，我们提到过流量的来源包括自然流量、推广流量以及推荐流量，这些统计工作需要借助第三方工具或者人工统计的方式来完成，但对门店的重要性是不言而喻的。

- 自然流量的渠道来源中，要区分自主进店和通过线上搜索进店。
- 推广流量的渠道来源中，要区分广告、地推活动、外部合作等。
- 推荐流量的渠道来源中，要至少弄清楚谁是推荐人，以及是通过什么方式推荐的。

(2) 需求偏好

需求偏好可以集中在顾客对产品的需求以及对营销的偏好上，主要涉及以下几个方面(见图3-4)。

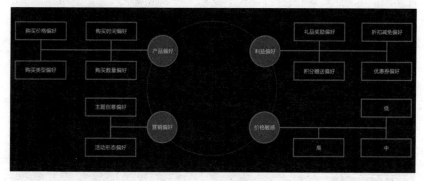

图3-4 需求偏好

① 产品偏好

除了顾客购买相对集中的品类及款式，我们还要弄清楚他们(尤其指核心主力顾客)的购买时间偏好，这样有利于我们优化店内的服务资源。

另外是购买的价格偏好，人均价格只是店铺的综合表现，通过人群筛选，我们可以看到中间是有差别的，弄清楚核心人群的价格偏好，比参考全店人均价格更有意义。

最后就是购买数量的偏好，购买数量意味着客单价，通过对购买数量的观测，可以反过来指导店铺有针对性地调整套餐等捆绑销售的策略。

② 营销偏好

上文已经提到，顾客对不同的营销活动有完全不同的反应和参与度。虽说大多数营销活动都是以"优惠"的方式呈现给顾客的，但类型可能不同、方式不同，甚至主题和创意也会有所调整。

我们很难确保每一次活动都很成功，需要观测核心顾客在每次活动时的参与状态和态度。如果大家对抽奖类的活动感兴趣，就可以围绕抽奖，策划出不同的方案；如果顾客对互动型的活动感兴趣，那就不要单纯地推出打折降价的方案，而是尽量让活动增加顾客参与、面对面沟通以及展示自己的环节。

③ 利益偏好

利益偏好是检验顾客对会员身份是否认可的重要指标。我们在会员体系设计时，会围绕会员"权益"设计方案，这本身就是利益的不同形态；在日常促销活动中，你让顾客感觉"优惠或者实惠"的地方，也是利益的体现。

利益的具体表现形式有很多，除了最常见的打折、减免等，还可以使用礼品、积分赠送、各种优惠券等方式。总之，你的顾客对哪种利益形态更敏感(敏感包括喜欢和高转化)，你就可以丰富这方面的具体规则。

④ 价格敏感

价格偏好是指顾客相对喜欢的价位以及重点顾客的平均客单，而价格敏感则是指顾客对价格升降的反应。对于价格升或者降，以及升降的幅度大小，总会有人很快作出反应，也有人会毫不在意，这一数据可以帮助门店更好地划分客群，对价格敏感高的顾客，可以增加促销频次，而对价格敏感低的顾客，则可以想办法加强他们对品质、品牌的认可。

(3) 用户价值

目前,大家对用户价值的理解并不统一,但关键态度是一样的:谁贡献的利润高,谁的价值就大。这是一种粗放型的理解,在现在的商业演变和进化过程中,这种大一统的价值论很可能出现偏差,比如"超级用户",以前我们认为有钱的顾客就是超级用户,现在看来并非如此,因为有钱的用户到哪里消费都很大方,他不一定对你有忠诚度,如果你把他们当作超级用户,弱化了对其他顾客的关心,很可能导致真正的核心用户逐渐流失。

用户价值体现在多维度,多体现在顾客付费贡献度上,除此之外,还应该兼顾活跃度、邀新能力等因素。

零售行业有一个著名的概念,叫作RFM,被称为零售圣经,是三个英文单词的首字母:

- Recency,**近度**,最近一次消费时间距现在有多久;
- Frequency,**频度**,在一个阶段内,消费的次数;
- Monetary,**额度**,在一个阶段内,消费的总金额。

想要评判用户价值,需要对数据有准确的认知,以及对数据化运营有清晰的思路。

我们认为,用户价值的评判,需要以一个关键数据为前提——平均值,不管是全部会员的平均值,还是不同类型会员的平均值,或是某一个阶段内的平均值,它相当于一个刻度,有刻度,才能看出每一个会员在统一衡量维度上,到底是高还是低。

在平均值之后,我们需要确定区间。这是我们进一步定义用户价值的条件,在某一区间内的会员,代表着既定的价值体现,比如3天前有过消费的顾客,与最后一次消费时间在三个月之前的顾客相比,就有明显的不同,前者属于活跃客户,后者则可能已经陷入了"睡眠"。

确定区间,就有利于我们对客户做分组。我们可以定义,不同的区间代表不同的组别,把会员按照价值分组,有利于我们针对统一价值属性的客户推送相同的营销策略,上面提到的活跃客户和沉默客户,必须有类似的区间数值来明确划分出来,达到什么数据的客户属于活跃组,什么数据的客户可以被分到沉默组,或者如何界定新客户和老客户,如何界定低贡献和高贡献，都必须有标准值作参考，平均值是标准，区间是分组依据，而在分组时，我们需要把简单明了的组别名称对应到具体的客户身上。

有了分组，就可以有具体的行动方向和目标，针对活跃用户，我们可以采用密集的营销推送策略，针对沉默用户，则需要减少推送的频率，用更大的优惠力度把他们唤醒。

瑞幸咖啡的顾客数据化做得非常专业，如果你是瑞幸咖啡注册用户，但很长时间没有消费，他们的系统可以自动甄别，通过消费时长的数据把你划拨到例如沉默用户的分组，然后尝试用低至1.8折的优惠券来唤醒你，如果你用了这张券，系统能自动检测到你的消费行为，将重新对你的消费间隔计，从而判断你从这次消费到下次消费的时长，来决定是否更改你的分组，再向你推送优惠时，可能唤醒的力度就会小一点，频率也会逐步增多，比如2.8折、3.8折、4.8折，一直往上升，这些策略就是基于上面平均值、区间、分组作出的。

这是一个典型的基于数据分析指导营销执行的流程(见图3-5)：

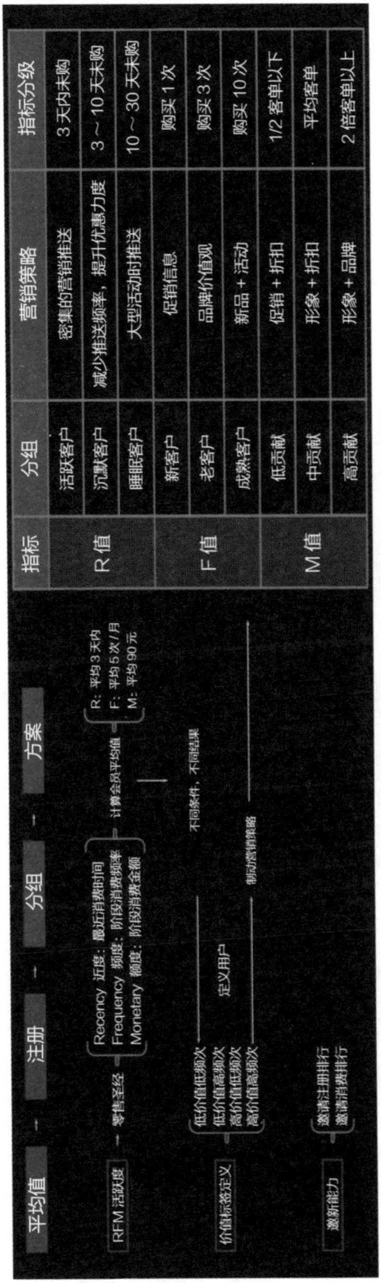

平均值
注册
分组
方案
RFM 活跃度
零售圣经
Recency 近度：最近消费时间
Frequency 频度：阶段消费频率
Monetary 额度：阶段消费金额
计算会员平均值
R：平均 3 天内
F：平均 5 次 / 月
M：平均 90 元
价值标签定义
低价值低频次
低价值高频次
高价值低频次
高价值高频次
定义用户
不同条件，不同结果
邀新能力
邀请注册排行
邀请消费排行
制定营销策略
指标
分组
营销策略
指标分级
R 值
活跃客户
密集的营销推送
3 天内未购
沉默客户
减少推送频率，提升优惠力度
3～10 天未购
睡眠客户
大型活动时推送
10～30 天未购
F 值
新客户
促销信息
购买 1 次
老客户
品牌价值观
购买 3 次
成熟客户
新品＋活动
购买 10 次
M 值
低贡献
促销＋折扣
1/2 客单以下
中贡献
形象＋折扣
平均客单
高贡献
形象＋品牌
2 倍客单以上

图 3-5　基于数据分析指导营销执行的流程

价值平均值(RFM)——区间定义——分组——行动策略——方案执行

(4) 效果评估

从数据中得出经营指导方向,然后围绕方向制订具体的执行方案,这条路线是一个正常的操作流程,但并不意味着这个流程中的每一个节点我们都做到分析100%无误、策略100%无误、方案100%无误,我们需要对方案效果进行评估,从而及时矫正和完善整体的数据运转模型,保持店铺运营在正确的轨道上。

对于效果评估,主要参考4个维度:投入产出比、参与度、转化率、传播度(见图3-6)。

① 投入产出比

投入产出比涉及的数据有:活动拉动的营业额、活动投入的成本以及带动的消费额,通过补贴和增值部分的对比,来确定营销的投入产出比。

② 参与度

参与度涉及的数据包括活动的展现量(主要指线上渠道)和参与量(包括点击、注册、下单、支付等数据),这也是把活动从线下拉到线上,或者用互联网营销工具承载活动的好处,可以基于技术手段进行参与度分析。

③ 转化率

转化率指参与量与最终成交量的比值,转化率高的活动,一定要追踪是哪些

图3-6 效果评估的4个维度

因素起到了主推效果。

④ 传播度

传播度是门店营销中最容易被忽视的一个数据指标。在移动互联网时代，我们需要有意识地在营销活动中增加引导参与用户对外传播的环节，每一次活动都需要调动顾客的力量来扩大活动的影响范围。涉及的数据包括展现量、转发量以及拉新量。

本章重点

划重点

① 会员制模式中，数据管理是一切运营的核心，店铺需要把数据的使用和认知提高到更高的层级。

② 数据对门店的意义在于，能够让店铺更深入地了解经营状况，这里的经营状况不应该局限在营业额，而应该是顾客的情况，因为顾客决定业绩。在此基础上，让数据成为营销策略的依据，从而带动低成本获客和长期持续复购的行为，最终实现业绩增长。

③ 门店做好数据管理，需要以顾客为数据核心建立模型，围绕6个方向开展数据采集和分析工作，分别是社会属性、渠道来源、营销偏好、产品偏好、价值划分、影响力。

④ 门店可以立即着手做的4个关键工作：用户画像，需求偏好，用户价值，效果评估。

留作业

按照上述解说，从数据方面入手，统计并分析你的用户画像、需求偏好、价值评估、效果评估。

… 第 4 章

会员制的威力——挖掘顾客终身价值

生意有两种做法，一种就像火车上的推销员，每天的工作就是把产品卖给同一列车上不一样的旅客；另一种，就像包租婆，每隔一段时间，去找同一个业主收房租、水电燃气费、卫生费、物业费、保护费等。

一天，有一个叫作比尔·盖茨的人坐着火车来到了包租婆的房子，然后住了下来。在不知道这个人是谁之前，列车上的推销员和包租婆的心态几乎是一样的，他就是一个普通顾客。但当你知道了他曾是世界首富，相信此时此刻包租婆要比火车上的推销员高兴得多，因为包租婆可以想办法在比尔·盖茨身上收更多的钱，而列车员则要盼着比尔·盖茨再次乘坐。

价值挖掘更像包租婆模式，我们要做的就是把狩猎改为农耕，不要满足于一锤子买卖，而是希望他们持续付钱。

对门店经营来说，顾客的价值挖掘体现在三个方面，首先是让他们留下来，不要像坐火车一样，到站就走，再也不见。其次，是让他们重复消费，不仅要让他们养成定期缴费的习惯，还要开发更多付费的项目。最后，是提升客单价。

下面将逐一分析门店如何在这三个方面提升顾客的价值挖掘。

4.1
如何留住会员

> "再美好也经不住遗忘,再悲伤也抵不过时间。"
>
> ——席慕蓉

作为经营者,我们讨论顾客"留存"时,通常直接跳到了"复购",认为"留存"就是留下来成为回头客。其实没那么轻松,大家更应该反过来想想,我们先给顾客留下了什么?

留存的第一关,就是印象,一个陌生顾客第一次造访你的店铺,出了门之后,还有印象吗?紧接着,是记忆长度,店铺给顾客留下的印象能够持续多长时间?你必须在短时间内让受众记住一个特征。最后才是在交易层面的停留,他们成了回头客,在某些特定消费需求出现时,你的店能够成为他们的默认选项。

所以,我们在考虑留存问题时,就要遵循这样一个逻辑顺序:

印象—记忆—回头客

主动留——21天维护计划

消费心理学家研究发现,顾客在消费(或在店内停留)的当时,是他们对一个店铺印象强度的峰值,然后随着时间推移开始下降。

作为商家,需要在这条下降的曲线的某一点采取相应的行动,强化消费者的印象与记忆,让那些大脑中充斥过量信息的消费者还记得,自己曾去过一家店,好像那家店还不错,下次我再去看看(见图4-1)。

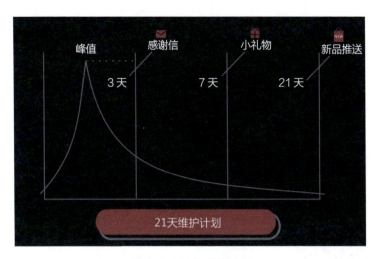

图 4-1 21 天维护计划

在这条印象曲线上，以21天为周期(这也是公认的习惯养成周期)，可以粗略地划分三个行动点：3天、7天、21天。这是一个平均数统计的划分方式，不同的商铺可以在21天周期上按照上述三个节点所对应的行动策略及目的，制订自己的维护计划。

关于21天维护计划的核心内容，在《客流荒：会员制打造门店爆客与持续盈利》一书中已有详述，这里不再赘述。我们需要注意的就是，该计划是为了达到顾客留存中的前两关：印象和记忆。所以，所采取的行动不宜体现太明显的刺激回头消费的元素，主要的目标是在顾客第一次与店铺近距离接触的一个周期内，让他们在感觉上和印象上对你的店铺产生认同，这在后面的复购、升单等直接价值贡献上起到了奠基作用。

不让走——消费行为增值

留存的第二个策略是消费行为增值，如果说21天维护计划是给顾客一个留下来的理由，那么消费行为增值的策略，则是为了让顾客觉得离开是一种损失(见图4-2)。

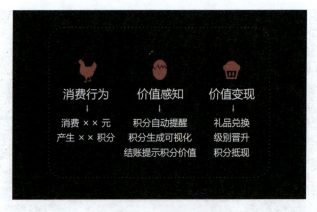

图 4-2　21 天维护计划

(1) 消费行为

整个过程围绕会员个人的消费行为进行。我们要让会员发现，在自己的消费过程中，额外产生了一些看得见的好处。最后，通过一些规则，让会员可以把自己额外获得的价值从看得见，转变为摸得着。

门店需要做的就是把顾客的消费行为转化为数字化的记录，比如积分，即消费XX元，产生XX积分。

(2) 价值感知

顾客有了积分，就要让他们最大限度地感知到这些积分的价值。比如每次获得积分时，都有自动的手机提醒，告诉顾客你的积分账户新增了积分；然后为会员搭建积分商城，这也是一种可视化的手段；另外，结合线下当面消费场景，工作人员在结账时主动提示积分的价值(例如"您现在的积分可以直接抵现20元，是否选择抵扣")，就是在强化顾客以往的消费行为已产生更多的增值利益。

(3) 价值变现

通过积分兑换礼品、积分累积产生会员级别的升级、积分抵扣现金消费、积分直接提现等方式，让顾客获得消费行为产生的额外价值。

这一流程会增加顾客的离开成本，他们在本店已经发生消费行为，并不断被强化已经发生过的消费会为其带来更多的好处，若放弃这些好处转投别店，会有很大损失，这本身就是一种心理壁垒。

离不开——PBL游戏化运营

PBL是游戏运营三种常用方式，即点数(Points)、勋章(Badges)、排行榜(Leaderboards)。而游戏能够比其他商品更容易让用户"留下"，我们可以借鉴游戏运营中的这三个关键点，把它们运用到门店会员运营中。

(1) 点数

游戏中，玩家获取点数的方式有两类，一是通过登录游戏、保持在线、做任务来获取，通常表现为经验值的累积，经验值还可以促成游戏中角色级别的提升。另外一种则是通过付费获取，比如充值点卡、购买装备或者购买vip身份等。

在店铺经营中，我们常用的积分，就可以对标游戏中的点数，它同样可以通过消费获取，也可以通过一些任务获取，比如签到积分，完善个人信息获得积分，点了一道之前从未尝试过的菜品额外获得积分，进店试衣服获得积分。顺着这条思路，我们可以结合会员的消费需求和服务需求，以及店方对价值的需要，来设定更多趣味性强、参与简单的积分任务。

(2) 勋章

我们几乎可以在所有的游戏中看到"勋章"，或者具备"勋章"属性的称号。虽然是虚拟的符号，但勋章能够调动用户的收集欲望，让他们有更强的动力去获得更多、更好的勋章(见图4-3)。

图4-3 勋章示例

勋章代表的是用户荣誉感和成就感，门店运营中，借鉴勋章机制，可以参考以下几个主要特征。

① 指明方向

勋章是可以提前规划的，它就像一条路径，带领和指引顾客通往某一个地方，这一路径和前面提到的顾客成功计划相呼应，你希望顾客在本店持续消费的这一过程中，取得什么样的成功？这些成功可以划分为里程碑和终极目标，然后结合游戏化的特征，将这些节点以勋章的形式命名。

例如，根据顾客消费的金额，有一个从低到高的路径；根据顾客购买的品类，可以设计另外一条勋章路径；根据顾客推荐新人的情况，可以对应不同的勋章路径。

所以，勋章的第一个主要特征，就是给顾客指明方向，让他们沿着这些事先规划好的路径，一路向前，不断探索并持续消费，因为只有这样，才可以集齐一套完整的勋章。

② 提供线索

第一个特征是指明方向，第二个特征是在消费过程中为顾客提供线索，如果你希望顾客尝遍自己餐厅的所有菜品，那么就可以设计勋章的游戏规则，引领他们不断尝试之前未点过的菜，以"勋章+积分"的形式参与这一游戏过程。

③ 强化诉求

勋章的命名本身就是一种游戏规则，任何文案、表达信息类的内容，都需要迎合或者引导顾客的兴趣点，在此原则上，为大家提供了另外一条设计勋章方案的思路，就是强化店铺的核心诉求，这一诉求正是门店希望传达给消费者的，基于勋章的娱乐化玩法，进一步加深顾客对门店的价值印象。

④ 身份象征

勋章还可以直接体现身份的差异，而且依此方法运营，不需要付出像会员级别差异所对应的权益与让利，它更多的是一种虚拟的表达，配合会员制度，能够成为一种低成本的归属感工具。

全民斗地主中，根据积分不同，玩家的称号会从贫下中农一直到地主、财主、富商等，这种规则更多的是在心理层面发挥作用，让低的想往高处走，让高的有一种优越感，从而坚定地继续当前的状态。

⑤ 团体标记物

勋章从虚拟游戏而来，但完全可以落地到实体门店，实现实物化。把勋章做成真实物品，可以是徽章、标贴、纪念币等能够标记身份的小物品，在线下会员见面活动中，可以为不同状态(活跃状态、贡献状态等)的会员定制发放，成为小团体圈子的共同符号，强化小群体的归属感。

(3) 排行榜

排行榜具有一种神奇的魔力，消费者特别在意(无论是有意识的还是无意识的)与自己有关的排名。

排行榜现象被心理学界称为"杠杆效应"，它就像一个心理杠杆，只要你公布出来，与其相关的人就会被自动触发，产生连锁反应。这是人内心本能的竞争意识，作为运营策略，其当然可以作为刺激顾客采取行动的动力来源。

本节重点

划重点

① 留存的第一关，是印象；紧接着，是记忆长度；最后才是交易层面的停留。

② 客户留存要遵循一个逻辑顺序：建立印象—强化记忆—回头客。

③ 从见面时的印象峰值开始的3天内，是第一个印象强化期，在这期间，店铺要尽力争取给顾客留下好印象，而非试图让他们作出二次行动。

④ 普通的感谢就是嘴上说谢谢，而高手的感谢，则是想办法肯定对方的行为。

⑤ 21天维护计划是达到顾客留存中的前两关：印象和记忆，所以不宜太过简单粗暴地刺激回头消费。

⑥ 消费行为增值的策略，是为了让顾客觉得离开是一种损失。

⑦ 顾客在本店已经发生消费行为，并不断被门店的策略强化，那些已经发生过的消费会为其带来更多的好处，若放弃这些好处转投别店则损失很大。这本身就是一种心理壁垒。

⑧ 对客户留存的争夺多为认知的留存，每一个门店都需要强化突出自己的特点，并力图让顾客记住，这是留存的第一步，也是当前整个实体行业面临的艰难一步，我们太希望直接获利，往往没有多少耐心和精力做上述精耕细作的事。

⑨ 在会员经济体系，讲的就是以"人"为核心，并且更强调对具体个体的深入了解，我们需要关注更多的交易之外的工作。

留作业

① 参照21天维护计划，制订一套适合自己门店新客户的回访计划，并立即执行。

② 思考自己的顾客，他们的消费行为可以做哪方面的增值？

③ 为忠实会员设计一套勋章制度，并尝试组织线下会员聚会活动。

4.2
如何让会员重复购买

"自小刺头深草里,而今渐觉出蓬蒿。时人不识凌云木,直待凌云始道高。"

——唐·杜荀鹤《小松》

当我们刚刚发完一条朋友圈照片之后,接下来的时间你会不自觉地频繁打开微信,重复点击朋友圈,那个带数字的红色圆圈里面的数字越大,我们就越开心。

我们期待收到别人的点赞和评论,而在这样的时刻,短时间内重复打开微信朋友圈的次数比其他时候多了好几倍。但你仔细想过没有,是什么促使我们增加了重复打开微信、重复点击朋友圈的次数呢?

有人说这是一种下意识的习惯,我们有意无意地拿出手机,点亮屏幕,滑动几屏之后,在没有打开任何应用的情况下,锁屏,然后会在10秒内再次点亮屏幕解锁。有些习惯几乎让人上瘾,并且全然是在无意识下发生的。

这看上去没什么新奇,但换个角度想,如果商家可以培养消费者的习惯养成,那么毫无疑问他将在竞争中稳占优势。

人的习惯尚且可以培养,复购当然也是一件可以培养的事。我们要弄清楚人的心理特征,到底是什么促使他们重复做一件事。

人为什么会重复购买

心理学家研究发现,若人们在一定时间内频繁地做同一件事,就容易形成习惯,不断重复。那么对商家与顾客之间的关系来说,让顾客重复购买的因素都有哪些呢?

(1) 习惯

把消费变成生活习惯,最容易产生稳定的复购行为。

有一档人文美食纪录片叫作《中国餐馆》,10家位于世界各地的中餐厅,讲述餐厅老板、主厨、食客的美食故事。其中有一期讲在日本的一家中餐厅,里面有一位客人,每天在固定的时间进店,点固定的菜单,要坐在固定的位子,然后一个人默默地吃饭,吃完饭就结账走人,也没什么太多的话。

一部日本电影《街角洋果子店》,是讲一家面包店,里面也有一位优雅的老太太会在固定的时间进店吃面包,她很挑剔,但并不固执,每当店家有新产品时,总会让她先品尝,但多数会得到一些挑剔式评析,即便如此,这样的消费关系一直保持多年,直到这位老太太去世(见图4-4)。

图4-4　《中国餐馆》与《街角洋果子店》

好像这种类似的故事经常发生在日本,可能是由于日本人的执着性格,放大了人们对于"重复"的表现,但我们需要知道的是,一家店、一位顾客,他们之间同样会形成消费习惯。

(1) 认知

顾客会对你的店、你的产品有一种"一触即发"的认知度,就像"今晚吃火锅吧",这里的火锅对一些人来说专指"海底捞",他们基于认知，会毫不犹豫地多次光顾。

(2) 探索

在认知的基础上，总有一些愿意尝鲜的顾客第一时间去"老地方"购买"新产品"，店铺上新，老顾客基于以往对店铺的认可，会默认新品很不错，甚至认为新品还有更多意想不到的惊喜。

复购的形式有哪些

对于重复型消费，一般来说，从表现上可以分为三类：习惯性复购，认知性复购，以及探索性复购。

(1) 习惯性复购

打个比方，维生素和止痛药，大家判断一下，哪种产品更容易让顾客依赖上瘾？

相信大多数人的最初判断和我一样，认为是止痛药，因为止痛药可以满足显性需求，效果立竿见影，顾客能感受到的是，如果不吃止痛药，则会痛苦不堪。但维生素是没什么明显感受的，你吃或不吃，好像影响不大。效果明显的产品，一定是顾客喜欢的，对吗？

再问大家，你会多次购买的产品，是止痛药，还是维生素？止痛药吃完了你会再买吗？维生素呢？

这中间有一个细微的差别，止痛药的效果显著，可以说服用户立即支付，但他并非常备品，对大多数人来说并不具备重复购买的动机。

维生素则是一种长期服用的产品，维生素每天都吃，哪天忘了吃就会心里痒痒的，总觉得少干了点什么，并且一旦停止，就会感觉身体会出问题，会缺少微量元素，它容易植入用户的日常生活习惯。

这种复购是我们最应该首先打造的，它的特点就是高频使用。各位想一下，自己的门店有没有哪些产品和服务，适合让顾客高频使用的？

大家都听说过一些做医疗保健器械的企业，在社区周边开店，免费为中老年人做体验，体验过程中还有人讲课，带大家拍手、跳舞、喊口号，为了鼓励天天打卡的体验者，时不时还发一些药片、人参等小礼品，之后这些中老年人就好像被洗脑一样，每天准时进店。

要知道他们第一次去都是抱着打死也不买东西的心态体验的，怎么到后来每天按时按点地进店体验，最后不断地往家里买各种保健品和保健器械呢？

习惯性复购，针对的是高频消费，我们需要让顾客培养的习惯是"定期、定量"。

(2) 认知性复购

认知性复购是指从潜意识已经认识到这家店确实不错，只要有此类消费需求产生，就会去这个店。比如广告语"装房子买家具，我只来居然之家""怕上火，就喝王老吉"，这都是在强化一种认知，也叫作心智占有，让你一遇到某种情况，首先会想起某个品牌。大家想一下，自己消费时，是否有固定品牌，或者去固定门店？

小米是认知性复购的高手，他不断推出高性价比的产品，让受众认识到小米的产品性能不输于其他品牌的中高端产品，而且价格便宜。

西贝莜面村采用爆品策略改革自己的菜单，把最初一本厚厚的菜单改造成20道最受欢迎的菜单，然后发出口号"闭着眼睛点，道道都好吃"。

认知性复购有两种特征，一个是心智占有，一个是强化标签。

心智占有，通俗理解就是我们需要让顾客在"干XX事时，就选XX店"。

强化标签，始终与店铺的USP呼应，不断强调你对顾客的价值印象，例如提到小米，印象标签就是性价比，提到苹果，印象标签就是最先进。

当有了这样的认知之后，就衍生出了第三种复购类型。

(3) 探索性复购

如小米的精品电商平台、有品APP等，每天都有新产品上线，一旦人们对小米平台有了高品质低价格的认知，在没有明确需求，但想尝试一下新产品、探索新领域的情况下，很多人会增加更多的购买次数。

苹果公司比小米更疯狂，每一次新品发布之后，总会引来"果粉"的疯狂抢购，即便媒体评论说缺少了乔布斯的苹果在走下坡路，新品一次又一次让人失望，也丝毫抵挡不住消费者的追随，因为大众对苹果的认知已经形成，对新品的探索欲望极为强烈。

"00后"的游戏——炒鞋，同样如此，耐克旗下的乔丹系列，阿迪达斯的椰子鞋，只要一出新品，就会被疯狂扫货，被炒得火热。一双鞋动辄5000元以上，再平常不过，这些都是探索欲引发的（探索欲是基于认知而发展出来的），从而促使消费者不断购买该品牌下的其他产品（见图4-5）。

对商家来说，有老顾客不断地购买新产品，是最高级别的复购。我们通常说的复购，多数停留在重复购买相同或相似产品的认识层面。

探索性复购，是基于认知，刺激顾客尝试未知需求，期待购买新的产品。这种复购基本上就证明了你的品牌已经小有影响力，人们会冲着品牌去消费。

图4-5 炒鞋示例

如何打造复购模型

通过高频的使用率，让顾客产生习惯性复购；

通过不断强化商家特点，让顾客产生认知性复购；

通过对认知的深入巩固，让顾客产生探索性复购。

听上去很让人激动，关键问题是，如何做到？

复购，同样是有模型的，我们把复购的习惯养成分为4个步骤：

触发→行动→多变的奖励→参与

用通俗的语言解释，就是先给消费者一个复购的理由，然后想办法让他们动起来，通过各种"赞"，让他们停不下来。

(1) 触发："给一个理由"

触发就是促使你作出某种举动，核心原则是提醒用户进行下一步行动。比如店招和橱窗海报，朋友圈里的转发，都可以作为让更多人进行下一步行动的外部触发器，当你有了这样一层认识之后，就会对传统的宣传行为有更专业的优化——展示出去的内容，一定要有引导性，要明确指明看到的人需要做的动作是什么，比如点击、回复、进店等。

是什么"勾引"你进店逛逛？是什么"引诱"你半夜吃大餐？是什么"诱惑"你凌晨扫货？这些都被称为触发器。

除了对新用户的触发，你需要在自己的产品和服务上安装触发器，用来提醒那些已经购买的用户不断地使用。因为只有高频使用，才容易产生习惯。触发器的设置决定触发的效果，比如你张贴一张引导进店的海报，这属于一个触发器，但别人看了海报进不进店，靠的则是你的海报内容是否足以触动人心，使其有所行动。

如果你想打造有效的触发器，就要准确捕捉目标顾客的想法和情感，了解他们会因为什么原因对某些产品产生反应，从而在触发器所表达的内容和信息上有所侧重。帮助企业了解潜在用户的工具和方法很多，结合中小型实体门店的接受程度和操作难度，我们推荐大家尝试使用"5问法"(连续问5个为什么)来挖掘用户的内部触发点。

比如，微信想上线推广一个新功能——朋友圈。他可以在目标用户中，选出一些代表性强的用户，做真实调研或者模拟画像，采用"5问法"来锁定推广朋友圈这个功能应该以哪些方面作为切入点。

① 小明为什么需要使用朋友圈？

答：为了查看和对外表达信息。

② 小明为什么要查看和对外表达信息？

答：为了分享并即时获取信息。

③ 小明为什么想要分享和获取信息？

答：为了了解他的同事、朋友和家人的生活。

④ 小明为什么想要了解别人的生活？

答：为了知道自己是否被别人所需要。

⑤ 小明为什么会在意这一点？

答：因为他害怕被圈子抛弃。

现在，答案出来了。社交恐惧感是小明身上最强大的内因触发点，那么在触发器的设计上，就可能会针对此类型的用户创作出所谓的"扎心文案"。

对于门店，"触发"环节可以借助系统工具，实现智能化的自动触发，比如很常见的满额返券以及消费抽奖，以及实现"首次消费—达到条件—自动触发—获得额外奖励—引导二次消费"的完整流程。

除此之外，关联推送也是一种"触发"的表现形式，比如消费A商品，自动推送B商品的代金券，给顾客一种搭配消费更优惠的感觉，这种关联推送在无形中触发了顾客对商品B的购买动机。

"触发"就是给顾客下次消费一个理由，当然包括在顾客即将遗忘时给他提醒，比如通过系统定期提醒顾客该到店消费了，或者即将到期的优惠券设置提前1~3天的过期提醒，这些都可唤起人们再次消费。

(2) 行动："让人动起来"

设想一个场景：当你的手机响了，却没有接听，这是为什么？你为什么没有采取行动？

可能是因为手机放在包里，但包里东西太多，没有找到；也可能是你以为对方是业务推销，不想接听；也可能电话很重要，手机也在手边，但调了静音你没听见。由此可见，只有动机，但缺乏行动条件，用户同样无法达成你所预期的目标。

让人采取行动，同样有一个公式：

充分的动机 + 完成这一行动的能力 + 促使你行动的触发事件 = 行动

关于触发，前文已进行了阐述，那么对行动来说，最重要的就是两个因素：动机、能力。

你想让顾客重复进店消费，就需要给他足够的动机，同时照顾到他来消费的可能性(顾客在外出差，确实无法到场)。

对于门店经营，需要从两个方面给客户足够的动机。

① 产品层面

我们要帮客户充分、重复、持续地了解产品能够给他们带来的好处，是可以得到快乐，还是可以缓解某些痛苦？如果考虑重复消费，则要在产品和服务的设计上下足功夫。

② 营销层面

我们要在本次消费时，就给顾客下次消费的临时特权，这些特权可以是折扣、代金券或者某些优先资格，但其应具有时效性，以通过刺激顾客的消费心理，来启动他们的回购动机。

对能力来说，更多的是指消费能力，包括价格、消费途径、支付方式、便捷程度等，对大多数实体店消费群体来说，只要你呼唤复购这件事不那么麻烦(或者过于昂贵)，能力几乎不存在问题。

门店唤起会员再次行动时，常用的做法是先通过会员系统进行筛选(可参考前文关于"数据管理"部分的介绍)，然后针对某个特定范围的人群做定向投放(见图4-6)。

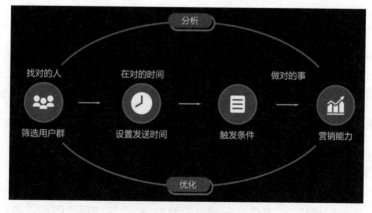

图4-6 定向投放

(3) 多变的奖励："通过各种'赞'"

多变的奖励，也可以称为多变的刺激。这一步很关键，有了第一次行动，就会有接二连三的复购。

打个比方，大家都知道打开冰箱门，里面的灯就会亮，这是共识，是一成不变的响应，所以我们不会因为这个原因就反复打开冰箱门。如果每次打开冰箱门会看到不同的东西，那么打开冰箱门的频率就会大幅增加。

在营销行为中，如果顾客在使用和购买我们的产品时，总得到固定不变的体验或者特权，就容易降低兴奋点，出现审美疲劳。我们要做的就是设置更多随机的小惊喜，甚至小惊吓。

这也是我们在本书第1部分(会员体系打造与营销实施)中把权益分为多类型的原因。在会员特权的设计中，除了打折、享受会员价，我们还可以设置会员日的特权、节假日的特权、新品发布的会员优先权，以及线下活动的定向邀约。

我们的目的很明确，就是让熟客得到来自不同方向的肯定和美好的体验，还记得"21天维护计划"吗？为什么"感谢信"环节不是简单地表达感谢，而是想办法肯定顾客的决定是正确的？这就是一种心理层面的"点赞"，这种正向刺激会增加他们的心理渴求，并且随着他们不断复购，会获得更多样的满足。

(4) 参与："让他们停不下来"

最后一个环节是参与，即让用户有所投入。这个阶段有助于提高顾客复购的概率。就像玩游戏一样，当玩家投入了时间、金钱和精力，在游戏中取得了一定的累计、成就和经验以后，他们会不断地进入游戏世界。

对实体店来说，让用户投入，不仅仅意味着让他们舍得花钱，而是给他们设定一些使用和消费产品时的任务，让他们完成这些任务，以便为自己带来更好的体验。例如为了帮助顾客完成减肥计划，可以让顾客每天在朋友圈打卡，或者每期邀请不同的会员参加俱乐部活动、线下见面会或者新品体验会等。

在这个环节中，还有一个比较有意思的心理学原理，后来被称为"宜家效应"。宜家家居销售的家具都是平板包装，需要顾客买回家后自己组装，这种包装方式不仅为企业降低了劳动成本，提高了配送效率，节约了仓储空间，更大的作用是顾客因为投入体力劳动，会对自己组装的家具产生一种非理性的喜爱，因为我们总会高估自己的劳动成果，只要自己动手参与，有所投入，对其情感就会变得不一样。

本节重点

划重点

① 当人们高频地做一件事时，容易产生习惯。

② 不断地使用，而非单纯购买，才能促成复购。

③ 卖维生素而非止痛药，让产品成为顾客的生活习惯。

④ 复购类型有三种，分别是习惯性复购、认知性复购和探索性复购。

⑤ 打造复购习惯的模型包括4个层面，分别是触发、行动、多变的刺激和参与。

留作业

① 找到自己门店适合高频使用的产品或服务。

② 思考你的产品能缓解顾客什么痛苦？

③ 找到一个能够吸引顾客不断使用这款产品的理由。

④ 制订一套多变的奖赏策略。

4.3
如何逐步提高会员的客单价

"One more, one more, God help me get one more…"
——《血战钢锯岭》

去过麦当劳肯德基的朋友一定有过这样的经历：只是想买个汉堡，却买了一份套餐；只是想喝一杯饮料，却因为第二杯半价点了两杯。

于是，德克士发起"汉堡+1元买1送1"的活动，在每月逢8日的会员日才可以参与。为了多收1元钱，德克士宁愿送你一个汉堡包。

类似的活动还有"+1元饮料升杯""+5元送鸡翅""买儿童套餐送玩具"等。

这些企业为什么要为新增的后半部分消费如此大方地让利呢？目的就是让顾客多掏钱，这就是升单，全称为提升客单价，哪怕多1元，性质就会不一样。

在获客越来越难的今天，能让决定付款的顾客多付一点，对门店来说就是多走一大步，因为这多出来的一点，是在不用另外花费获客成本的前提下顺便收获的。升单环节做得越好，业绩利润就会越高。

对于如何提升客单，无外乎两个方面：让顾客"多买点"，让顾客"选贵的"。方法不难，也没那么玄妙，关键在于，你是否在交易时拥有升单意识。

让顾客多买点

最常见的升单形式就是"多买点"，原本顾客计划买1份，你能让他顺便多买一些，就是在为业绩做贡献。这种道理很简单，超市的收银台会码放一些口香糖之类的小商品，都是为了方便顾客顺手"多买点"。

门店可以通过凑单和套餐这两个策略让顾客"多买点"。

(1) 凑单

凑单可以是一种长期存在的促销活动，给一个优惠条件，顾客消费凑够了数，就可以享受相应的福利。

目前已被验证有效的顾客消费动机中，有三种福利形式比较容易撬动顾客凑单的诉求：为了折扣，为了减免，为了赠品。

- **为了折扣**：比如满XXX元可以打XX折，或者满件数打折，常见的有满2件8折、满3件7折等形式。
- **为了减免**：减免涉及的范围更大，除了"立减金额"，还有另外两种与时代相关的衍生内容，即"包邮"和"免配送费"，以及各种已存在且被大众所接受的附加费，即免"餐具附加费"、免"毛巾消毒附加费"等。
- **为了赠品**：这种凑单福利比较考验赠品的选择，赠品本身需要足够吸引目标顾客。建议大家重点考虑两个因素：价值感和集套。价值感是选择的赠品让人能够很直接地感受到它的价值，集套则是指某些商品是一个系列，比如德克士和NBA合作推出的6支球队配色和logo的水杯，有不少人想收集齐全。

(2) 套餐

套餐是另外一种简单明了的升单策略，关于套餐的组合，可以分成利益型套餐和场景型套餐两种。

① 利益型套餐

利益型套餐是指让顾客认为购买套餐更"划算"。可以是多种商品的组合，打包成套餐更实惠，比如A+B+C=套餐价；也可以是同一种商品的多件打包，例如A+A+A<3A。

李施德林漱口水特别善用利益型套餐，在天猫旗舰店中经常会组合出适合用户"囤货"的套餐，如果你是常用顾客，这种套餐确实比零买更划算(见图4-7)。

单买1瓶：单价¥46.9 第一套：合单价¥44.3 第二套：合单价¥39.9

图4-7 李施德林漱口水利益型套餐

② 场景型套餐

场景型套餐是指让顾客在某些具体的消费场景上更方便地作出选择。套餐仍然需要体现"更实惠"，但场景型套餐的第一作用是给顾客提供更合适的选项。

比如去餐厅吃饭，根据用餐人数，如果有双人套餐、4人套餐、6人套餐可选，则会大幅减少客人点餐的烦恼和压力，主推套餐还能提高出菜效率，节省成本。另外，有不少行业的门店推出儿童套餐，这就是另外一种典型的场景需求，如果大人带着孩子外出消费，门店能够提供儿童专用套餐，也会给顾客带来更多方便。

汽车配件用品店则会根据车型来组合套餐，比如大众途观专用套餐，其实有很多配件是通用的，但若能按照具体场景，把通用商品组合成不需要反复对比考察就可以放心选购的套餐，也是一种更容易被人接受的方式，并且专用的场景型套餐能够为你带来溢价可能，因为专用，所以更贵。

让顾客选贵的

第二种升单策略就是让顾客尽量"选贵的"。满足消费需求的选择有很多，有简单基本款，也有高配升级款，就连手机发布时，同一型号都要发布多款不同的配置，目的是通过高低对比，刺激用户选择更优方案。

(1) 产品升级

对多数门店来说，自己的主营产品并非一成不变，要有一个迭代升级的计划，有节奏地推出品质更优的产品，或者通过增加配置的方式进行产品升级(见图4-8)。

产品升级的好处不仅是提升定价,即便是在维持原价的情况下,不断地升级店铺产品和服务的质量与体验,也会增加顾客的消费价值感知。

图4-8 产品升级

(2) 价格锚定

另外一种促使顾客"选贵的"的方法,是一种典型的营销手段,叫作价格锚定,其利用数字对比在用户心理层面产生的作用,引导顾客作出你所期待的行为。

道理很简单,就好比一位男士想去酒吧搭讪女孩子,成功率比较高的做法就是带一个看上去比自己(形象、气质)稍差一点同伴,在两个人的直接视觉对比中,女孩选择更好的是一种心理本能。

案例分析:《经济学人》杂志订阅广告

在一个订阅《经济学人》杂志的网页上,有这样一则广告:

电子版: 　　　　59美元
印刷版: 　　　　125美元
电子版+印刷版: 125美元

是不是写错了?印刷版和"电子版+印刷版"都是125美元,为什么不直接写电子版+印刷版=125美元,还要单独加一个印刷版的价格呢?

实际上,这是杂志社那些头脑聪明的人在操纵我们的大脑,让我们以非理性的状态作出消费决策。

如果你要订阅这本杂志，会选择这三个定价中的哪个呢？

《怪诞行为学》中给出了实验数据，在对100个测试者的试验中，结论如下：

单订电子版：16人

单订印刷版：0人

订套餐版：84人

当我们看到这里，已经很明显地感觉到把"印刷版"定价设置为与"电子版+印刷版"定价相等时，"印刷版"的定价显然是没有什么实质意义的(价格相同，我为什么不选多的呢)，但是如果没有这个"诱饵"，结果又会如何？

外国人搞学问就有这样的习惯，他们喜欢反复做实验来得出一些结论，于是，作者们又找来100个受访者，做了另外一组试验：

电子版：　　　　59美元

电子版+印刷版：　125美元

他们把诱饵项——印刷版125美元去掉了，在整个网页上，只留下了这样两个定价选择，这次的试验结果变成了：

电子版：68人

套餐版：32人

我们来算一下两种定价方式下的收益情况：

定价1：16人×59元+0人×125元+84人×125元=11444美元

定价2：68人×59元+32人×125元=8012美元

定价者成功地预测出了消费者在面临选择时的非理性，从而获得更大的回报。

这个诱饵怎么放呢？书中给出了这样一种答案：A，A-，B，或者A，B，B-。

通俗来讲，当你的消费者面临两个选择(A和B)时，如果你希望消费者选A多一些，就增加一个和A差不多，但比A稍差一些的选择；同理，如果你想让消费者选B多一些，就增加一个和B差不多，但比B稍微差一些的选择。

把A-(诱饵)放出来，构建出与A的一种更为简单和直观的对比关系，会让人们很容易感受到A看起来更优，不仅是跟A-相比，就连B方案，这时看起来都不如A了。

我们来回忆一下上面那本杂志的例子：

A：电子版　　　　　　　　　59美元
B：电子版+印刷版　　　　　　125美元
B-：印刷版　　　　　　　　　125美元

当只有AB存在时，消费者很难判断到底电子版更划算还是套餐更划算，但当诱饵出现后，消费者会立即看出诱饵和套餐价格一样，但分量比套餐少了一部分，这时候，套餐很划算的感觉成了消费者脑海中最重要的认知，几乎把A方案抛弃了。

本节重点

划重点

① 门店想要升单的选择有两种：让顾客"多买点"，让顾客"选贵的"。

② 凑单和套餐是刺激顾客"多买点"常用且有效的策略。

③ 凑单的动机可以细分，顾客除了对折扣有预期，还可能对某些费用的减免或者某些诱人的赠品动心。

④ 套餐的设计很巧妙，我们通常善用利益型套餐，即组合起来更优惠，但不要忘记场景型套餐可以在不损失太多利润空间的前提下成为顾客热捧的消费选择。

⑤ 想让顾客"选贵的"就要给他充足的理由：要么你的产品足够优秀(通过升级或增配来提升)，要么通过价格策略来撬动消费心理，从而促使他们作出你所期待的选择。

留作业

① 为自己的顾客设计2款套餐，1款是多买多优惠，另外1款是针对他们的使用场景提供一个消费选项。

② 选三个系列的产品，分别为每一个产品搭配1个"诱饵"，让他们通过对比，认为你最想主推的那一款特别划算。

第 5 章

会员裂变——让客流源源不断

打车软件刚刚上市的时候，很多朋友特意打电话催我："我转发给你的打车券用了吗？免费打车，你赶紧用，你用完我还能再得一张免费券。"

后来，微信上开始收到拼团链接、砍价链接、领红包链接，搭配着各种扮惨卖可怜或者卖萌的文案，让你不进去帮忙点一下就于心不忍。

微信普及以来，人们的消费习惯正悄悄地变化着。上次，我在朋友圈发了一条"万能的朋友圈，谁给推荐一个适合公司聚会的地方，要有调调的"，收到了8个好心人的建议。

当然，也有很多人经我介绍，买了不少他们自己连商品简介都懒得看的路由器、智能锁、电饭锅……

对经营者来说，世道全变了。越来越多的交易行为受社交影响，人们发现，基于社交关系，可以定向引导消费流动，也就是说，通过社交裂变的营销策略，我们可以让顾客自发地聚集到自己的店铺。于是，"会员裂变"成了当下的营销热词，使得许多门店昂首阔步地拥抱"会员裂变"。

在会员制运营模式中，经历了"会员招募—消费转化—数据管理—价值挖掘"，最后一步就是会员裂变，而且它是下一个循环的起点，通过裂变，会招募更多的会员，然后继续转化、数据、挖掘、裂变……

对门店来说，会员裂变的意义无论从哪个方面分析，都至关重要，这就需要我们尽快掌握裂变式营销的核心逻辑，将其灵活运用到自己的商业体系内，让它持续发挥价值威力。在裂变逻辑中，有三个重要因素贯穿全程，那就是种子用户、裂变诱饵和分享趣味，我们将围绕这三个方面，制订适合门店会员裂变落地实操的具体策略。在着手搞策略之前，我们先要弄明白，在会员裂变的逻辑中，最核心的前提是什么。

5.1
裂变的内在动机——社交链

"人生就像滚雪球,最重要之事是发现湿雪和长长的山坡。"

——(美)沃伦·巴菲特

所有人都说,移动互联网时代最贵的是流量,其实流量只是结果,这个时代最贵的是用户关系和关系链,我们说现在的流量巨头只集中在少数平台手中,但像QQ、微信、抖音、今日头条等平台,他们并不是通过工具或者功能实现流量垄断(任何一个企业都可以开发出同样功能的平台),而是靠产品内容打通和绑定用户关系链。

这种关系带来的最大商业价值,就是不需要通过传统广告和推广手段去告知并教育用户,只需要通过充分的"社交挑逗"就能让用户追随自己好友的喜好,而去接受一个新鲜的产品。例如拼多多的天天领现金,当你发现三个以上的好友给你转发帮忙领现金的消息之后,几乎就决定了一个新用户将会投身其中,并成为日常社交的一部分。

如果说领现金活动属于裂变营销的一种手段,那么让这个裂变手段产生效果的核心要点,就是用户之间产生了社交链。若换另一个平台搞同样的活动,就不会有相同的裂变效果。

所以,通过裂变实现低成本获客的关键,就是打通社交链。企业需要想办法输出足够花心思的内容来刺激用户,让他们从普通顾客转为愿意持续关注并参与的"粉丝",再主动将你的品牌或产品消息传播出去,成为企业在互联网时代网状用户结构的重要连接点。

这是会员裂变的基础运营理论,它是一条线,而非裂变获客活动的一个点,就好比你没有群众基础,就去"扯条幅搞起义",结果就是没人理你。会员裂变的思维要贯穿在整体门店经营的工作中，细化到每天要做的事情里。在会员体系内，用内容(产品、服务、趣闻、体验、感受等)吸引并刺激一部分种子会员，然后通过他们的传播，带动、吸引更多的新顾客进来。

所以，需要明确一点，社交链比流量更重要，我们在开展会员裂变的具体运营工作之前，要先了解如何设计用户之间的社交链。

我们所说的社交链，按其适用范围划分，可以分为撒网式、爆破式、狙击式三类。

面向大众的撒网式裂变社交链

目标群体：所有人
裂变动机：我想要福利，你也顺便得福利
常见形式：分销机制、助力、砍价、送福利(送券返券、送权益卡返权益卡)、群体红包
操作技巧：以送你福利的名义，为我获利

撒网式裂变有全面撒网捞鱼的意思，这种裂变形式通常适用于大多数人参与，分享者的直接动机是自己为了获得一项福利而进行社交传播。

这种类型的社交链应用最为广泛，我们常说的"以老带新"，就符合这种逻辑，老用户为了获得一项福利，邀请新用户加入，新用户也可以获得福利。这种福利的设置，相当于企业把营销推广的费用拿来，作为老用户和新用户的奖励津贴。

新零售品牌的代表案例瑞幸咖啡，用"送好友免费喝咖啡"的主题，为我们呈现了一个典型的以老带新的撒网式裂变。老用户想获得免费咖啡，可以把分享海报或者链接转发给任何人，只要有新用户响应了这次分享，新用户就可以获得一杯免费咖啡，老用户也可以获得一杯免费咖啡(见图5-1)。

值得注意的是，新用户的响应机制可以分为两种，简单响应机制

是，只要新用户完成注册，就能够直接触发2张免费咖啡券，分别给新、老用户两人；升级版的响应机制是，新用户需要先完成消费行为，才能触发福利发放。

门店可以根据自己的不同阶段和目的，有计划地选择福利发放的机制。

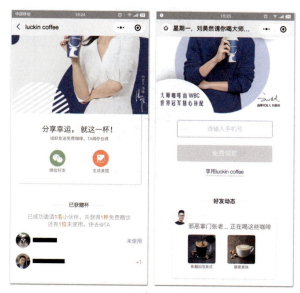

图 5-1　撒网式裂变

这种"以老带新"的活动形式是一种常见的分销模式，属于撒网式裂变社交链范畴。同样，砍价、助力等活动形式也属于这个范畴。起因是老用户想为自己争取一种福利，然后基于游戏规则进行分享，让任何人都可以简单化、趣味化地参与响应，达成任务后拿到福利。如果我们能够理解这种逻辑关系，就可以在常见的活动方案上进行优化，比如砍价活动，好友进来帮砍，砍完是否也能得到一些属于帮忙者的奖励，从而刺激来帮忙的人有兴趣参与下一轮的分享呢？

除此之外，消费后的裂变红包和券包的玩法也属于撒网式裂变社交链范畴，老用户消费后，触发了裂变规则，可以将一个群体性红包或者券包转发出去，其他人看到后可以进来同时抢，别人抢走的红包被使用了，会给这个老用户一些奖励。当然，在转发这个红包或者券包的同时，老用户就可以直接参与抢福利，自己抢到的加上其他人抢到后衍生出的福利，就是老用户在撒网式裂变中的福利动机（见图5-2）。

图5-2 消费后的裂变红包和券包

此类裂变关系以老客户为起点，鼓励身边更多的人响应。从规则属性上看，其决定了参与响应的新用户可以是任何人，他们不一定具备消费意向，但他们都因为你的裂变机制和你产生了一次接触。

基于熟人的爆破式裂变社交链

目标群体：熟人
裂变动机：我们一起得福利
常见形式：拼团、爆品裂变、升级版助力、集卡（互换）
操作技巧：这里有一个福利，我试过了，是真的！

相比撒网式，爆破式裂变的辐射范围更小，但波及的目标客户更加精准。分享者要和被分享者一起参与，一起获得福利，所以，这种社交关系链就是我要和认识的人一起得到某个福利。在这种逻辑下，首先，分享者发现了一个福利，是需要多人一起参与的；其次，分享者会过滤自己的社交关系，寻找他认为可能存在共同需求的朋友，邀请他们加入其中。在整个流程中，分享者的初衷是与朋友共享某条利好消息。

拼团就是典型的爆破式裂变，起因是看上了一款商品，通过召集其他人一起下单，共同获得更低的价格，一起享受优惠。在拼多多的运营数据中，也明确得到一个结论：熟人拼团的效果远远好于普通拼团(见图5-3)。

图5-3　爆破式裂变

因为爆破式裂变要求更亲近的社交关系、更精准的消费需求，也越来越多受到商家的青睐，不少撒网式的裂变模型通过改造升级，都在逐步向爆破式演变，例如前面提到的砍价、助力、抢红包活动，不仅让前来响应的新用户获得自己的起始福利，还刺激新用户自己"开团"，让他们邀请身边的好友前来响应，去实现自己福利的变现。

在拼多多的"天天领现金"活动中，这一逻辑被教科书般地展现了出来，老用户有一个可提现红包，但需要满额才能提现，为了获得更多的红包金额，老用户需要邀请好友前来助力，每一个来帮忙的好友，都为这个老用户的红包增加了额度。与此同时，他们还各自抢到了一个大额红包，在完成对朋友的助力之后，立刻就会反过头来发给他的朋友，"我帮你点了，你也顺便帮我点一下吧 "，从而开启了下一个分享裂变的网状传播。

原本是我想得到福利，通过规则关联，变成了你帮我得到福利之后，还有机会也获得福利，就转变成了我们一起获得福利的社交裂变动机。

爆破式裂变也经常与产品消费直接关联，从而在吸引新客户的过程中借助老用户自己的需求筛选以及新用户的浏览筛选，让更加精准的客户直接参与到订单支付上来。

针对亲密关系的狙击式裂变社交链

目标群体： 自己人
裂变动机： 我请客，送你们福利
常见形式： 亲情卡、券裂变、请客赠礼
操作技巧： 我有卡，我请你

狙击式裂变，顾名思义，它的裂变走向更加精准，精准到老用户身边关系最亲近的、有明确消费意向的人。但这种裂变对参与其中的老客户有一定的要求，那就是裂变福利更多的是由老客户自己(或者是以自己的名义)拿出来，让身边具有亲近关系的其他人享受这份福利。

举例来说，手机话费套餐中，三大运营商都力推亲情卡，就是这个逻辑。用户需要为一张主卡支付较高的套餐费，但是该主卡下可以绑定3~5张副卡供家人使用，即一家人共用一个人的套餐费。

这种模式对商家有什么好处呢？

首先，锁定以老顾客为核心的小社交链，在这条关系链中绑定上来的用户，都将是你的消费顾客，并且具有稳定的留存属性。

其次，因为该顾客的家庭成员都在使用某一商家的产品或服务，会降低本人更换消费选择的概率，确保更稳固的消费关系。

第三，对低频消费来说，一张主卡分散给多个用户使用，等于变相提高了消费频率，因为只有高频互动，才会带来高频分享。

基于通信运营商的亲情卡逻辑，很多行业的商家也可以使用这种主副卡的模式，比如加油站，一张主卡储值，多张副卡绑定使用；美容美发、健身娱乐等也可以使用此类裂变模式。

除此之外，我们可以借助礼品卡的形式策划狙击式裂变，例如星巴克的"用星说"，用户可以通过微信送给朋友一杯咖啡或者一张储值卡，对方凭电子卡的二维码在线下门店换得饮品，这种基于移动互联网、确切来说是基于微信的传播方式简单直接，更重要的是这种逻辑为用户创造了一种消费场景，减少了购买决策成本，尤其适合微信小程序，具有轻、快、效率高等特点(见图5-4)。

图 5-4 礼品卡

瑞幸咖啡将此玩法做了进一步升级,推出了"咖啡红包",用户预存咖啡到自己的咖啡红包中,然后通过微信赠送好友咖啡。好友可以自己使用,也可以再次分享裂变,咖啡这一产品本身的社交属性就在这样的链条中充分体现出来。有具体的场景,比如公司加班,主管请大家喝一杯咖啡,他就可以往工作群丢一个咖啡红包,大家一起来领。

上面这些是老用户需要直接付费后赠送给其他用户完成的社交关系裂变。对于会员本身,有一些会员特权,是不需要另外付费的,我们当然可以将会员特权作为一个老用户自己独有的福利,去送给他身边的人(见图5-5)。

图 5-5 社交关系裂变

比如在会员权益体系中我们曾提到过，会员有机会获得比较稀缺但价值较高的福利券，通过卡券裂变或转赠的方式，可以把别人无法得到的消费福利分享给自己的好友，例如会员专享5折券，在门店平时没有任何让利活动时，普通消费者如果能够得到老会员的分享，就可以获得这一福利，从而增加了会员身份的价值认同，也带动了普通用户到店消费。

本节重点

划重点

① 社交链比流量本身更重要，因为只有通畅的社交链，才能撬动用户的社交化裂变。

② 会员裂变的理论基础是，用内容(产品、服务、趣闻、体验、感受等)吸引并刺激一部分种子会员，然后通过他们的传播带动，吸引更多的新顾客进来。

③ 撒网式裂变有全面撒网捞鱼的意思，这种裂变形式通常适用于大多数人参与，分享者的直接动机是自己为了获得一项福利而进行社交传播。

④ 爆破式裂变，辐射范围小，但目标客户更加精准。分享者要和被分享者一起参与，一起获得福利，这时候分享者会主动过滤自己的熟人关系，而非单纯地扩散转发。

⑤ 狙击式裂变的关系链即：用户自己请客，亲友共享。

留作业

① 先从狙击式和爆破式裂变做起，设计基于老顾客熟人圈的裂变社交链。

② 试着改造你现行的推荐奖励政策，让老用户推荐新用户，双方都得到基于产品本身的奖励。

5.2
裂变逻辑的关键三要素

> "以利诱敌,敌远离其垒,而以便势击其空虚孤特也。"
> ——曹操《孙子注》

裂变实质上就是打通用户之间的社交链。为此,企业需要想办法输出"内容"来刺激用户,让他们从普通顾客关系转为"愿意持续关注并参与"的"粉丝",再主动将你的品牌或产品消息"传播"出去,成为企业在互联网时代网状用户结构的重要连接点。

在这条路线中,需要"内容",需要"愿意持续关注并参与"的"粉丝",也需要最后的"传播"动作,同时撬动这三环并不容易,尤其对门店来说,提供能够刺激用户的内容,这本身就是专业外的事情。因此,我们需要进一步简化和聚焦,找到适合门店的裂变三要素,即福利、创意、存量。

裂变的动机——福利

把福利作为能够刺激用户的"内容",对门店运营来说简单直接明了,不需要在自己主营精力之外去策划别的内容,只需从自己产品、服务以及体验层面上的某些触点中提炼出可以帮助到用户且有吸引力的福利,就能够满足裂变环节的基础要求。

一提到门店福利,恐怕多数人脱口而出的就是让利、打折、代金券,这是常用的方式,但并非福利的全部,我们需要让大家先明白,站在顾客角度,福利可以理解为物理型福利和情感型福利两种,他们具备同样的心理撬动作用。

(1) 物理型福利

物理型福利就是我们一开始最容易想到的与直接利益相关的内容,

其实在这样的划分方式上，物理型福利还可以再往下细分，分为现金补贴和产品补贴。

现金补贴，以"现金红包"的形式直接体现出来，把可以存入零钱的现金作为裂变链条中的诱饵，是认知度最高、也最容易广泛普及的手段。一旦让用户注意到自己身边的好友已经成功领取现金，他们的动力将会瞬间激增。

产品补贴，则具体到产品的消费行为中，比如优惠券、抵用金、购物津贴等，都属于此类范畴，也可以把某些产品或服务直接作为免费福利参与到裂变的规则中。

在推出产品补贴时，我们还可以联动其他商家，形成跨界福利，例如三家联动的联名福利卡、多张优惠券组成的主题券包等。

(2) 情感型福利

在大多数情况下，我们喜欢并推崇物理型福利，认为这样的方式直接明了，消费者也受用。但是，我们不应该忽略情感型福利的重要性，甚至在某些情况下，基于情感的福利更具有传播动力。

适合会员裂变的情感型福利包括成就、自嘲、荣誉，以及爱心。这种福利听上去好像不太容易落地实施，门店要具体干点什么，才可以推出符合上述特征的情感型福利呢？

在实际运营工作中，我们要学会抓住顾客在某个体验中或者参与某个流程中表现的结果或者状态，然后用图片、文字、视频等方式记录下来，形成用来传播的素材，而这些素材背后体现的顾客状态，就是构成情感型福利的具体内容(见图5-6)。

图5-6 情感型福利

情感型福利的内容可划分为以下几类：自嘲类，可以用来调侃，比如"想要骑过山川湖海，没有想到，半路爆胎"，"今天去买猪肉，老板问我是全款还是分期"；荣誉类，可以策划多种勋章；爱心类，可以与公益慈善等活动结合。比如教育培训机构的顾客，坚持阅读英文外刊78天，这样的过程或者结果，本身就是顾客成就，当这些内容形成海报图片时，即为顾客的情感型福利，可以成为传播的素材。

福利是一项需要长期坚持的工作，在明白福利类型之后，我们应该设计自己的福利体系。

裂变的诱饵——创意

为了调动用户进行传播的积极性，我们需要把社交链设计得更有创意，譬如上面提到的抢红包，你是硬生生地抢，还是在这一过程中增加一些趣味性或者话题？

创意可以刺激顾客对福利内容进行转发，因为纯福利(尤其是物理型福利)太过功利，并且见得太多，消费者容易麻木，对福利无动于衷，即便采取行动，也会有所保留，比如分享朋友圈时，设置仅自己可见。太具功利性的转发，会在社交关系中被认为爱占小便宜，谁愿意自己的社交圈被打上这样的标签呢？

所以我们要对福利进行包裹、镶嵌，用创意作为话题，替用户找到社交谈资。比如把福利与热门电影、当红明星、热点事件等结合起来，就有更多的关注度和话题点，这种创意类型叫作IP型创意。让自带流量和关注度的内容成为你的创意载体，是一种事半功倍的手段。

另外，如果你与顾客有更好的互动，可以考虑将顾客自己创造的内容作为创意载体，如支付宝的年度账单、微信的10周年历程等，都有顾客自己的影子，这些内容往往更容易激发顾客分享展示的欲望。

麦当劳在高考季推出小程序，可以让用户生成自己的准考证；还有诸如晒军装照、古装照等，都是基于用户自身产生的内容(见图5-7)。

图5-7 顾客互动

另外一种实用的创意方式是游戏,即将游戏作为创意载体,去完成简单的活动(见图5-8)。比如"邀请好友领优惠券"这一活动主题,听上去好像平淡无奇,我们如何能把这样的活动做得更有趣味性?能不能邀请好友来,先掷骰子,看看谁的手气好,然后获取不同额度的优惠券?这样是否就比单纯邀请过来,点击领取更有趣味性?

图5-8 创意游戏

我们曾为一家鱼火锅店策划了一个"养鱼"的游戏。食客进店时,通过扫码免费领小料的方式,确保所有进店食客都注册成会员。之后,每位会员就启动了养鱼计划。会员页面上有个小鱼缸,里面有很小的鱼苗,通过一些互动方式完成任务,比如邀请好友喂鱼等,会员可获得更多鱼食,等鱼长大了,鱼缸也会变成大鱼塘,鱼长成之后,会员可到店兑换真鱼。

这个活动背后的逻辑很简单，就是邀请好友助力，会员获得产品补贴。这是典型的撒网式裂变，但披上了游戏的"外衣"，整个活动就会充满趣味性和互动性，甚至通过营造的氛围促使用户之间产生社交话题，培养每天打开小程序的习惯。

裂变的前提——存量

裂变三要素最重要的就是存量，确切地说，就是种子用户，他们是用来启动整个裂变链条的源头，这也是为什么会员裂变是整个会员制模型中的最后一环。只有具备了种子客户，才能够将雪球越滚越大。

但在这一话题之前，我们首先要明确的是，裂变选择的种子用户并不等于产品的初始用户。种子用户必须具备以下三个特征：

- 是活跃度高、影响力大的超级用户；
- 要尽量与产品调性吻合，影响力要尽可能触及目标人群；
- 数量不一定要多，但质量一定要高。

对于一家门店，开业前做宣传，是为了获取种子客户，有了种子用户，我们紧接着要做的就是对其进行筛选，找到适合纳入裂变体系的种子用户。

种子用户具备高传播力、高参与度等特征，会自主地向你反馈建议。这些特征还是很容易分辨的。第一，见面打交道时我们就能识别出一部分种子用户；第二，可以通过购买频次等数据筛选出频次高的用户，然后逐一甄别；第三，在会员管理系统中增加推荐关系选项，多盯推荐数据。

在种子客户中，除了这种高价值的种子客户，我们通常面对的是频次并不高的客户，这时候，我们要做的就是提频次，想办法把互动频率提上来，只有高频互动，才会带来高频传播。

本节重点

划重点

① 裂变三要素之一的福利可分为物理型福利和情感型福利，用的最

多的物理型福利包括现金补贴和产品补贴两类。

② 情感型福利更具趣味性和人情味，它们以图片、文字、视频等方式出现，在会员裂变的过程中，会让你的店铺看上去不那么"功利"，更会加深用户的认同。

③ 我们要对福利进行包裹、镶嵌，用创意作为话题，替用户找到社交谈资，否则你的裂变活动就会变成朋友圈中一眼就被识破的"小广告"。

④ 裂变三要素最重要的因素是存量，我们称为种子用户，他们是用来启动整个裂变链条的源头，这也是为什么会员裂变是整个会员制模型中的最后一环。具备了存量客户，才能够将雪球越滚越大。

⑤ 在消费周期过长、顾客互动不足的情况，我们要做的就是提频，想办法把互动频率提上来，高频互动才会带来高频传播。

留作业

① 为你所提供的福利，包装一个具有创意的话题，让福利看上去更有人情味，并且能够引发用户之间的谈论。

② 在开展会员裂变的营销活动之前，务必列一下清单，观察现有顾客中有哪些可以被称为"种子用户"，列出来，并进行1对1的提前沟通，确保他们能够积极响应你的第一波福利刺激。

5.3
巧借线下产品刺激顾客裂变

> "同恶相助,同好相留,同情相成,同欲相趋,同利相死。"
> ——西汉·司马迁《史记》

在实体店经营中,线下的产品亦是裂变的有效媒介,可以在产品包装、线下消费的任何触点装上裂变齿轮的触发器,也就是活动入口。我们通过线下的产品,想办法把顾客引导到线上来,借助线上的趣味性和社交互动属性进行运营,然后通过公众号持续输出内容,再拉到线下参与二次裂变。

把线下的顾客拉到线上

传统的线下消费具有更多的场景,这些场景中有足够的触点让顾客参与进来。最简单的方法就是微信扫码参与某一个趣味性活动/游戏,并获得某些福利。

这是把线下用户转移到线上的操作,因为他们在线下完成本次消费之后便离店了,而何时能进行下一次的互动和接触,就变得不可控了。因此,我们需要用这样的转移行为,即通过手机与那些即将离店的用户建立线上关系链。

案例:ofo小黄车与小黄人

在小黄车运营期间,曾有过这样一个"线下+线上"的互动机制:用户骑小黄车,在扫码骑车时,手机界面会提示用户搜集小黄人卡片,集齐即可获得77.77元现金。而获得小黄人卡片的方式有两种：①完成一次距离超过200米，时间超过2分钟的有效骑行；②与好友互换小黄人卡(见图5-9)。

图5-9 ofo小黄车与小黄人

用福利把顾客留在微信公众号

在线下场景购买或使用过程中，可通过"福利+趣味"的组合吸引用户通过扫码从线下来到线上，比如扫码集卡领红包这样的逻辑线索，可以把带到线上参与活动的用户沉淀到公众号内，这时候的运营场景转移到线上，通过对公众号的运营，留住并锁定用户，时刻准备着将他们带回线下产生复购，或者借助推送机制在他们当中率先开启下一轮裂变活动。

案例：奥利奥音乐盒

奥利奥此前推出了一个音乐盒小玩具，用户可以把奥利奥黑色饼干放在音乐盒上，看上去就像是一张黑色唱片，音乐盒感应到饼干后就可以自动播放音乐。当你咬一口饼干，把剩余部分再次放到音乐盒上面时，"唱片"看上去就不完整了，此时播放的音乐会变得不一样。如果你想听更多不同的音乐，就需要不断改变饼干的形状、大小。要是这样还不过瘾，你可以通过微信扫描音乐盒上的二维码，进入公众号，在线解锁更多的音乐，然后继续拿饼干当唱片，边吃边玩(见图5-10)。

奥利奥音乐盒
线下创意产品+线上用户自主传播

图 5-10　奥利奥音乐盒

案例：青岛啤酒

青岛啤酒玻璃瓶装的瓶盖上印有二维码，用户可以通过扫码获取积分，每周瓜分500万积分。用户通过公众号将得到的积分进行兑换(见图5-11)。

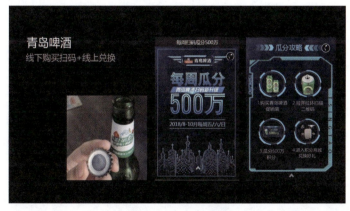

图 5-11　青岛啤酒

线上运营实现二次裂变

让用户从线下到线上的目的是：让目标顾客产生黏性，留存下来，当你开启下一次裂变活动时，只需要在公众号做一次群发，就可以再次撬动这些顾客参与其中。

本节重点

划重点

① 在实体店经营中，线下的产品亦是裂变的有效媒介，可以在产品包装、线下消费的任何触点装上裂变齿轮的触发器，也就是活动入口。

② 通过线下的产品，想办法把顾客引导到线上来，借助线上的趣味性和社交互动属性进行运营，然后通过公众号持续输出内容，再拉到线下参与二次裂变。

留作业

① 试着将你产品包装、线下物料上的二维码，锁定为关注公众号或者加个人微信，且务必明确用户扫码关注的理由。

② 试着用公众号每周只发一张海报，海报全文不超过20个字。

第 **6** 章

实操中的细节

6.1
如何把散客转入私域流量池做会员制运营

> 七郎愈加慌张,只得劝母亲道:"留得青山在,不怕没柴烧。虽是遭此大祸,儿子官职还在,只要到得任所便好了。"
> ——明·凌蒙初《初刻拍案惊奇》卷二十二

通常情况下,若每天有很多新顾客进店消费,店主会非常高兴;对于经营会员制的店铺,当自己的新顾客占比高时,他们却会忧心重重,感到危机四伏。

案例:一家卤肉熟食店

"我们店于2月28日复工,目前每天营业额还不错,可能由于疫情,人们在家里时间太久,现在疫情稍有好转,出来买卤肉熟食的人便多了一些。这一段时间到店的新客户占比大概8成左右,老会员占比少。我们有点担心,疫情结束后,大家不会再这样疯狂地买东西,营业额会有所下降。"

店主的担心不无道理,如果在一段时期内新客占比过高,确实隐藏着较大的危机,这意味着:

- 你无法预估明天生意的好坏;
- 老顾客的回头消费偏少;
- 每天开门营业就像撞大运,不断祈祷着外面的世界再发生一些重大变化,好让自己的店铺继续享受因社会变动而带来的红利;

- 你的店铺将不再是自己说了算,你很可能正在丢掉经营主动权。

"好店三年不换客",这句话一定要作为经营会员制的座右铭,时刻提醒自己,要想尽一切办法把新客户转化成会员,将其引到私域流量池中,通过运营促使他们持续消费,这是店铺想要长期稳定经营的唯一出路。

具体该如何做呢?

案例分析:一盘花生米与小龙虾店老板的抖音号

吴晓波频道在疫情期间的经济分析推文中提到了这样一个与实体店有关的小案例,是他本人的一次亲身经历。

吴晓波说他很喜欢吃小龙虾,在疫情爆发的2个多月前,有朋友向他推荐一家小龙虾店很不错,于是他带了几个朋友过去吃。进去的时候,老板对吴晓波说要加个微信,被拒绝了,然后老板又说,加一下吧,加了微信送你一盘花生米,吴晓波还是不加。

等他们吃完去买单时,老板又跟他说,加微信给你优惠50元,吴晓波说这个挺好,大不了等会儿再删了,就加了店主微信,但他后来忘记删了。

有一天晚上,吴晓波写书停下来休息,拿出手机刷朋友圈,就看到这个小龙虾店的老板炒十三香小龙虾的视频,看的饥肠辘辘,于是就微信联系老板让给送点小龙虾。

后来,受到疫情影响,很多店都无法正常开门营业,人们也都关在家里,外出受限。那天,吴晓波又是写书写到嘴馋,于是微信联系店主,问店铺是否复工,老板说现在不能进店吃饭,但可以送外卖。然后,吴晓波与老板闲聊,得知疫情期间,小龙虾店的生意几乎全靠微信平台这些私域流量维持。

如果在这场危机之前,老板没有给每一个进店的人一盘花生米,今天老板还找得到他们吗?

这个老板根本不知道今年(2020年)就碰上疫情,他为什么会未

> 卜先知般地送花生米加微信呢？又为什么在每晚9点、10点在朋友圈"放毒"？
>
> 这家店的老板可能不知道私域流量、圈层会员制，但他知道需要用一盘花生米加客人微信，如果花生米不够吸引人，就给50元的优惠。
>
> 这个案例给了我们一个非常实用的参考答案：用福利留住散客，用产品勾引复购。

散客转私域的三板斧

散客转私域，就像农民的田地里有种子、鱼塘的池子里有鱼苗，它会让你逐渐摆脱靠天吃饭的被动，是客流和后续业绩的最稳固保障。

想让散客进入自己的私域流量池，基本上就要靠类似"一盘花生米"的福利进行刺激，如果一盘花生米搞不定，就加大筹码。

对于大多数价格敏感度高的顾客，一招就能制胜，但还有一些价格敏感度低且客户质量高的，则需要进行轮番轰炸。这时我们需要准备好三板斧，以备不时之需。

(1) 注册会员卡

散客转私域的第一板斧："先生/女士，扫码一键领卡，消费有优惠哦！"

对于新进店的散客，告诉他扫码一键开卡，本次消费可以立减，对大多数人都起作用。但要注意的是，如果无法确保新人一定复购，新人福利给的过高，则会白白损失利润，新人福利过低，则无人愿意扫码注册，这中间的平衡需要不断调整。

(2) 关注公众号

第二板斧："我们公众号正在送福利，扫码关注，可以直接领礼品！"

在办理会员这一步时，有些顾客并没有同步完成关注公众号的动作（可能因为流程过长），这时候就需要单独准备一份关注即送礼的福利，让这些新老会员能够更进一步,转入公众号这个流量池中。

(3) 加店长微信

第三板斧:"这是我们店长的微信,您扫码加他,可以返红包!"

这是一个可以随机应变的策略。新人福利是统一的且固定的,如果客人对礼品不为所动(从他本次消费的情况来看,很显然是一个高质量客户),我们就需要再加一把火,用店长福利的名义留住他。

这一策略相当于小龙虾店结账时加微信优惠50元,把福利提的高高的,让人不容错过,但不能对所有人直接亮出底牌,最好的办法就是"见人下菜"。

扫码加店长的个人微信,可以得到更大的优惠特权。给人感觉不是加了一个店里客服的微信,而是有更多决策权的店长的微信,日后如果有消费需求,直接找店长肯定要更方便一些。

在这个过程中,店主应该留意观察,在让顾客加微信、关注公众号、注册会员卡这三种行为中,顾客的行动意愿是怎么样的,通常是首推注册会员卡,其次引导加微信。即便只加微信,后续也要引导他们注册成为会员。

新人首月的重点激活计划

完成对散客的转化,这仅是第一步。我们需要最大程度地确保首次消费过的顾客真正有机会成为回头客,第一个月的重点激活计划必不可少。

加过微信的客户,注册过会员的客户,多久回访比较合适?

我们曾多次以瑞幸咖啡的客户回馈计划举例,当有用户下单购买咖啡后,系统会自动开始计时,看这位顾客下次什么时间再次消费。如果隔了一周还没有动静,刺激复购的福利就会自动发送,喝过瑞幸咖啡的朋友也许会有印象,自己会时不时地收到6.8折、4.8折、3.8折、2.8折甚至1.8折优惠券。

这一案例充分关注每一个顾客的消费周期,不放弃任何一个有可能再次消费的客户。在店铺的日常经营中,也是同样道理,对于好不容易转化进入私域流量池的顾客，一定要做好激活计划，以便他们能够更加频繁地产生复购。

对于激活客户，我们给出的建议是首月内的4个节点：消费后的第二天、一周后、半个月后以及满1个月时。

第二天的微信主动回访，多以打招呼、问好、关心消费体验为主，简单几句，表达感谢的同时，听听客户消费后的感受，既显得对客户足够重视，又能够采集更多消费者的直观体验，方便自己优化产品。在本次沟通结束时，不要忘了作出承诺，下次消费一定给他更多的关照或者福利。

接下来，我们可以把这个会员纳入系统化维护机制，如果1周内没有二次消费，则自动执行电子券激活计划，根据用户消费间隔，设置不同力度的电子券。

在福利激活的原则上，需要遵循的是消费间隔越长、越是即将流失的客户，所采用的优惠力度越大。

接下来，我们可以借助会员系统，监控消费活跃度，根据消费类型和活跃频次有针对性地发券，从而产生持续性复购。

本节重点

我们要做的就是把新顾客转移到会员体系中，带入到店铺的微信体系，用产品、内容和福利不断地影响这些顾客，掌握好刺激重复消费的节奏，就会培养出越来越多的回头客。

划重点

① 如果在一段时期内新客占比过高，对实体店来说可能是要命的危机。

② 要想尽一切办法把新客户转化成会员，引到私域流量池中，促使他们持续消费。

③ 小龙虾店的案例给了我们一个非常实用的参考答案：用福利补贴留住散客，用深夜"放毒"勾引复购。

④ 散客转私域的三板斧：注册会员卡、关注公众号、加店长微信。

⑤ 公众号是店铺的私域流量运营主阵地，搭配会员系统，从功能层面可以持续运营、维护会员群体。

⑥ 扫码加"店长"的个人微信，可以得到更大的优惠特权，并且给人的感觉不是加了一个店里普通客服的微信，而是有更多决策权的店长的微信，人们会相信日后如果有特别的消费需求，直接找店长肯定要更方便一些。

⑦ 产生过消费的新人，在接下来的一个月中是否重复消费，对他能否成为常客至关重要。

⑧ 在福利激活的原则上，需要遵循的是消费间隔越长、越是即将流失的客户，所采用的优惠力度越大。

留作业

① 为新顾客转移到私域流量池准备三个福利方案，主推1个，备用2个。

② 制订适合你行业特征的新顾客回访计划，在1个月内持续监控新顾客的消费活跃度。

6.2
两个案例,教你会员忠诚方案怎么做

> "我欲与君相知,长命无绝衰。山无陵,江水为竭,冬雷震震,夏雨雪,天地合,乃敢与君绝!"
>
> ——汉乐府·《饶歌》

实体门店有一组平均数据:上门光顾10次以上的顾客中,约有20%的人贡献了店家80%的总营收,并且这20%的顾客还包办了72%的顾客进店总数。忠实顾客不太在意价格,他们被加价推销的概率很高,而且他们当中超过70%的人对店家赞不绝口,免费帮助门店宣传。

我们几乎不用强调忠实顾客对企业的重要性,因为超市、加油站、咖啡店、餐厅、办公用品店、航空公司、发廊等几乎所有的消费领域企业都想通过发行会员卡的方式牢牢黏住一批忠实会员。

会员忠诚方案的底层逻辑[①]

理想的会员忠诚方案能够帮助企业改变消费者的消费行为和习惯,建立品牌忠诚度,提升顾客终身价值,其实原理很简单:

累计消费→产生增值→获得额外激励

追踪顾客到店次数和消费金额,当他累计一定数量之后,可以赚到免费礼品或者某些折扣,这是会员消费产生积分,积分再来兑现额外价值的使用范本,但如果大家都不加改动、不做优化,直接使用这种模

---

① 底层逻辑是我们思考问题时最先确立的那个核心,即每一个事物或者问题最原始的出发点。

式，那么这种忠诚方案就成了容易被顾客免疫掉的促销行为。

所以，我们需要弄清楚，在看上去都差不多的会员忠诚方案的基础上，应该如何做创新和改革，为自己的企业带来更多的忠实会员。

如何对底层逻辑进行创意

下面，我们通过案例研究会员忠诚方案的创新问题。

> **案例分析：星巴克**
>
> 累积消费，享受更多优惠和特权，这几乎是会员忠诚计划的万能公式，但星巴克通过礼品卡以及累积星星的方式，形成了其自己独特的忠诚计划。
>
> (1) 创新措施：预付费的星礼卡
>
> 持卡人通过手机激活绑定星礼卡，然后享受对应的会员特权，开启集星之旅(见图6-1)。
>
> - 银星级：免费级别，不定期惊喜好礼。
> - 玉星级：每三个月的消费累计获得4颗星星，获得玉星晋级饮品券，金星在望饮品券，生日饮品券，以及永久的玉星级资格。
> - 金星级：在一年内再度累积16颗星星，才能升级到金星，享受金星晋级饮品券，生日饮品券，兑换指定饮品或食品，周年庆饮品券，以及金星专属电子会员卡。
>
> (2) 创新细节
>
> ① 卡片本身很有看头
>
> 星巴克的礼品卡分不同主题，卡面设计精美，质量精良，当你拿到这样一张实体卡片的时候，本身就有一种很酷的感觉。另外，针对这一特征，星巴克专门推出了微信小程序——"星巴克用星说"，为顾客提供多种主题(包括DIY设计)的卡面选择(见图6-2)。
>
> ② 卡片结合了支付功能
>
> 不管你用的是实体卡还是虚拟卡，你的账户信息始终是线上线下实时同步的，你可以通过卡片本身完成支付，也可以拿出手机直接刷

掉会员账户内的余额。

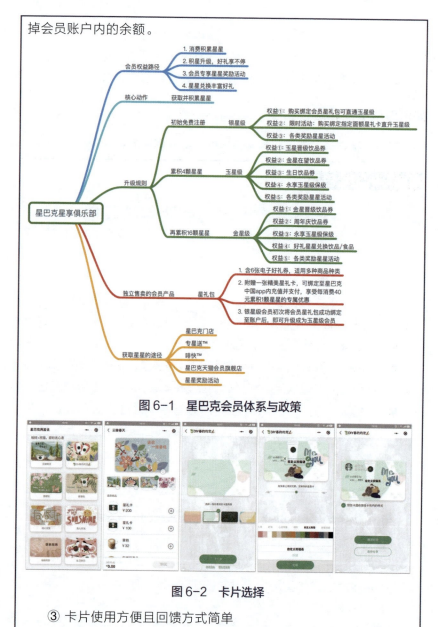

图6-1 星巴克会员体系与政策

图6-2 卡片选择

③ 卡片使用方便且回馈方式简单

这是星巴克的会员忠诚计划中特别明显的特征，他们一直强调所有利益和特权的了解途径、使用过程、兑现过程要足够简单明了，他们认为过于复杂的福利机制会让消费者感到头晕，因为消费者不光只有你一家的会员卡，几乎每个人都同时是8～9家企业的会员，如果你的规则过于复杂，无异于直接将顾客拒之门外(见图6-3)。

图6-3 星巴克的会员忠诚计划

(3) 其他企业

知名企业凯撒娱乐的做法与星巴克的做法大相径庭，他们的会员忠诚方案就设计得极其复杂，复杂到必须借助强大的技术处理能力，他们几乎做到了为每个人制订不同的方案。

凯撒娱乐极其注重会员数据的追踪和分析，他们通过分析精密的数据将庞大的会员群体做区隔，根据分析数据资料去规划定价、服务设计、顾客体验以及营销决策。

他们将消费者分门别类，提供各族群不同的优惠和服务，透过数据判定会员的喜好，例如最喜欢喝的酒、偏爱的房间位置、爱用的酒店设施等。

除了系统自动化分析，他们更授权一线员工直接做主，以系统采集的资料为依据，一线员工有权限给每一位来访的会员提供独享的服务，也许是一张限量的唱片，或者亲自跑到街头为顾客购买当地小吃，花不花钱无所谓，原则只有一条，你必须让此时此刻在你面前的会员感受到独享的尊贵。

凯撒娱乐的会员忠诚方案也为会员提供额外的好处，但做法并不局限在简单的折扣优惠，而是强调个体的服务体验与消费感知，善尽地主之谊，给会员独享荣宠的感受。凯撒的会员忠诚方案主打高度个性化，给忠实顾客带来独一无二的体验。

本节重点

划重点

① 大多数会员对招揽他们的忠诚方案并没有明显的归属感,虽然会员都爱优惠和好处,但不少人表示,他们认为忠诚方案只是企业的噱头和花招,算不上是建立会员关系的真正方法。

② 培养顾客忠诚度,不仅要提供折扣优惠引诱持续消费,还要让顾客感受到你很挺他或者强烈支持他们在完成某件事,不要让顾客觉得你只在意他们买了多少,在拿免费赠品随便打发他们。

③ 忠诚方案虽然原理简单,但是我们仍然可以发挥许多的创意,文中提到的星巴克和凯撒娱乐都作出了不错的探索。

④ 当一切以经营顾客关系为主时,就会有好事发生。

⑤ 会员对个性化的体验和服务反应良好,很满意自己享有的个别待遇。

⑥ 要忠于自己的品牌承诺。

⑦ 充分授权一线员工服务顾客,会员都想要被奉为贵客。

⑧ 其他同行肯定会有样学样地模仿你,所以保持创新很重要。

6.3
如何正确应对会员流失问题

> "话说天下大势,分久必合,合久必分。周末七国分争,并入于秦。及秦灭之后,楚、汉分争,又并入于汉。汉朝自高祖斩白蛇而起义,一统天下,后来光武中兴,传至献帝,遂分为三国。"
>
> ——元末明初·罗贯中《三国演义·第一回》

会员经济是一种基于关系的经济模式,而非基于交易的经济模式。对会员制来说,企业和顾客之间更像是婚姻关系。不少人认为会员营销是建立在交易关系基础上的营销手段,其实,倒不如说会员营销是一种经营客户关系的手段,至于促成交易的职能,则是次要的。

在从恋爱到婚姻的过程中,一见钟情起了很大的作用。对会员制来说,新人入会阶段的消费体验,直接决定了后续的忠诚度。

企业和组织一定要把事情变得简单,比如一大堆表格、复杂的付款环节以及退换货环节等,这些都是阻碍客户关系发展的因素,是影响客户忠诚的隐患。

如何增加会员的参与度

简化会员体验,可以提高会员的参与度,提升会员的忠诚度。

方式:让会员"帮个小忙"

有一家保险公司,在培训自己的销售人员时,会要求销售顾问在到访客户的工作地点或者家庭时,务必让客户帮自己倒杯水。这是一个小举动,但这种要求对方"帮个小忙"的行为可以拉进销售人员与客户之间的距离,并且当客户开始"参与"到你的销售工作时,往往伴随着更高的成交率。

原理：在人们付出自己的时间之后，通常也愿意付出自己的金钱

这个原理是一种心理学效应，人们对某件事付出了时间和精力后，就会对所从事的这件事产生一种非理性的偏爱，企业可以抓住这种心理反应促成更多的好事。

美国道路安全协会曾经为了实施一项公益计划，做过两组对比试验。他们希望在富人区每家房子的花园里竖立一个很大很突兀的标识牌，上面是公益广告，提示过往的司机不要酒后驾驶。

第一组试验是工作人员挨家挨户直接提出这个请求，希望在其院子里竖一个高大的广告牌，同意的概率只有12%。

第二组试验则分步骤进行，首先同样挨家挨户拜访，但提出的要求很小，问户主能不能支持一下道路安全的宣传，在他家的篱笆上贴一个很小的反光贴。并且在得到应允后，会现场张贴，同时还会与户主商量贴的位置，完事之后会很不见外地要一杯水喝（瞧，老外也用这一招），然后很礼貌地道别。

一周后，同样一拨人再次敲开这些住户的房门，告诉他们很感谢上周的支持，然后提出能否进一步得到他们的帮助，在其庭院内竖一个更大的广告牌，结果这次的成功率提升到了60%，有意思的是，第一次同意张贴反光贴的住户中，有90%的人都同意第二次的请求。

我们曾经提到宜家效应，宜家家居为了方便仓储，所有的家具都是平板式包装，需要顾客买回家后自行安装。为了确保安装的成功率，每一件家具包装内都有简单易懂的安装图示说明，而事实证明，自己动手组装家具的这种行为，使顾客对成品产生了上述所说的非理性偏爱，他们越来越喜欢宜家。

提升忠诚度的三大原则

(1) 简化，再简化

① 别把付费流程搞砸了

在第一章中，我们曾提到过会员招募阶段的数据化工作，最核心的原则就是把注册流程简化成3秒内可以搞定的事情，最好只需要点击1次按钮，即可完成付费环节。

人们愿意排队购买喜茶，但绝对不愿意在收银台等待着你慢吞吞地操作刷卡机。付款太慢，会直接毁掉此前的好感。如果可以，可接入移动支付；如果必要，可开通顾客自助买单功能。

② 马上给予价值(所见即得，随时随地)

我们需要把会员权益体系中的各种福利、特权，以一种看得见、摸得着、立即生效的状态让他们得到，这也是为什么针对新会员办卡，你不能告诉他说今天办了卡之后还不能用，本单消费是原价，下次消费才可以打折。

③ 渐进式的获取资料

快速入会之后，只需要获取最基础的信息，若要获取其他资料，可以通过积分任务、工作人员手动采集等方式陆续完善。注意：新会员的第一个月特别重要，除了进行回访计划和消费激活策略，完善会员的资料信息也基本上在这一期间完成。

④ 入会流程一定要精心设计

在第一章中，我们重点讲解了会员入会流程的设计规则和环节，并且有大篇幅的案例描述，这里不再赘述，如果需要重温内容，请自行翻阅。

(2) 个性化

① 定期给予额外优惠或服务

会员，顾名思义，就是有"身份"的顾客，他们跟普通散客一定是不同的，无论成为会员是否付费——至少他们都提供了自己的联系方式，所以，在会员特权上，务必为其提供额外的优惠或者服务。

在会员权益体系中，我们曾讲述了8类特权，每一种特权下面都有不同的组合方式，在强调会员服务个性化方面，建议店铺定期给予不同类型的会员额外的福利待遇，这些往往通过电子券来完成，因为借助会员系统我们可以实现提前预定、自动执行。

② 让会员能够个别跟你联系

从店铺角度来讲，我们一直希望和顾客建立一种随时可以联系上的通道，以便在店内搞活动上新款时可以及时通知他们。

但更为关键的是要从会员的角度出发，建立一个可以直接跟"店主"级别的人取得联系的通道，他们或者有特别的需求，或者需要店方提供额外的帮助，或者有好的、坏的意见想反馈给你但不想把关系闹得太僵。

总之，如果你能够大大方方地让会员"私下"与具有决策权的人取得联系，你将更容易赢得他们的忠诚度。

③ 结合循序渐进的会员成长计划，让会员觉得转换成本很高

这里所说的会员成长计划，从表现形式上可以分成以下三种。

- **会员的升降级**。就像海底捞的会员体系，通过消费活跃度来计算升降级规则，一旦有会员升到高级别，享受到了更好的待遇，他们将不愿意轻易放弃这些优待。
- **会员的积分政策**。消费产生积分，积分可以兑换成具有价值感的东西，这在第4章已做详细介绍。
- **顾客成功计划**。这是店方结合顾客的中长期需求，为其定制一个可以达到"成功"的持续消费计划，如果你的计划效果明显，会员在以"肉眼可见"的速度通往"成功"的路上，是不会轻易转投他家的。

④ 了解忠实的会员都有哪些行为

这一点在第2章介绍场景化设计以及爆品设计时有所体现，忠实的会员中包含超级用户，这些用户具有很强的示范带头作用，通过了解他们的行为，可以将其扩散分享给其他会员，从而带来更多的认可度和铁杆粉丝。

(3) 邀请参与

① 通过社群联结会员，提供关系维护

社群的作用在会员制企业中至关重要，现如今有了微信，基于微信群而形成的社群运营则更加便捷。我们不能把微信群简单地理解为社群变现(这只是社群的其中一种作用)，而是把社群当作提供关系维护的手段。

② 让会员获取其他用户的相关信息

我们在第1章讲会员入会流程中提到过一个细节：让顾客听到故事。我们会特意安排一些环节，让新入会的顾客了解其他顾客发生的故事，有些是趣闻，更多的是他们如何收获"成功"。这些故事要有细节，不能只是简单地当作你推销用的筹码——"谁谁谁，刚买了三套"。

③ 让顾客的参与成为组织构想、建议以及社群内容的来源，并重视他们的意见

这一点特别重要，但前提是经常与关系稳定的忠实会员进行联络。此时，你可以启动会员俱乐部的计划。参与其中的顾客或多或少都具备一些主人翁意识，他们对店铺有强烈的认同度和归属感，你要让他们参与到你的重大决策中。

当会员流失的时候，该怎么做

(1) 被动流失

比如健身卡到期，消费者也许并没有产生太大的负面情绪，但很多人会因为"到期"而默认自己应该结束这场交易关系。他们可能内心并不抗拒，只是产生了一些主观上的阻碍，或者是他们忘记了自己的会员福利，但总归是因为某些因素不再光顾，这些情况属于被动流失。

能够及时发现客户流失是一项前置工作，我们要借助系统、制订维护回访计划来监测客户的消费频次与时间间隔，一定要在第一时间发现流失的客户。

紧接着，大大方方地回访，寻找流失原因，如果判定属于被动流失的情况，则要表现得更加慷慨大方，为其奉上更加丰厚的福利和优待，试图挽回。这一原则和我们多次提到的瑞幸咖啡发不同折扣电子券的原理相同。

(2) 主动流失

这种情况才是真正的问题。主动流失，说明顾客产生了明确的消费决策——拒绝。

面对这种情况时，有以下几种做法：

- 找到会员拒绝续费的原因；
- 承诺作出改善，给出诚意；
- 铁了心要走时，不要设限。

原理： 会员越容易离开，就越可能回心转意，再重新入会。

核心： 会员明确要放弃会员资格，一定是因为体验出了问题。要找到你在意的那部分流失会员，到底是什么原因选择主动离开。找出共性，并且着手解决，在会员流量池中定期给已流失的会员推送消息，告诉他们你正在为他们变得更好，并且展示给他们你已经做了哪些改变。

误区： 在退费、维权、退卡环节故意刁难，想让顾客知难而退是不明智的。

让顾客自己感觉很难放弃会员身份的唯一做法是，不断增加他所享受到的特权和福利。

6.4
适合会员制运营的互联网工具

> 子贡问为仁。子曰:"工欲善其事,必先利其器。居是邦也,事其大夫之贤者,友其士之仁者。"
>
> ——春秋·孔子《论语·卫灵公》

下面的一组数据,再一次证明科技正在渗透生活,基于互联网产生的工具,改变了人们的工作、生活以及消费方式。

- 91%的成年人每天都手机不离身;
- 地球上有68亿人口,有40亿人使用移动电话,却只有35亿人使用牙刷;
- 每分钟由个人用户上传到YouTube的影片,多达100小时;
- 90%的文字信息在发表3分钟内就被看过;
- 平均年龄在21岁的人已经花掉了5000个小时玩网游,发出超过25万条短信息,还花了1万小时使用手机……

尽管我们已经有心理准备,但是看到这些数字的时候,可能还是会感到震惊。我到现在都不敢相信用手机的人比用牙刷的人还多!

归根结底一句话,很多传统价值主张已经被技术转型了,比如思科的远程电话视频会议系统,2020年遭遇疫情时的钉钉在线办公,学生被迫延期开学的在线网课……网络技术和工具都在改变人们习以为常的工作方式。

在这样的环境下,作为要转型为会员模式的实体企业,不仅需要网络营销功能,更需要会员数据处理中心。但对大多数人来说,如何辨别哪些系统符合自己的店铺需求是很难的。

有些店铺的收银系统自带会员模块，够用吗？

有些服装店的进销存系统也有会员功能，好用吗？

有一些系统声称一站式解决所有问题，能用吗？

当然，如果你的业态相对复杂且独立，可能需要多套系统配合使用，例如你可能需要有单独的库存管理系统，同时要有一套专用的会员营销系统。

成就会员制的6种工具类型

接下来，我们从会员制运营的职能需求上，列举6种工具的属性和类别，它们可能同时存在于一套软件中，也可能以独立工具形式存在，了解这些特征，有利于我们有针对性地选择合适的工具。

(1) 营销自动化系统

通过这样的系统模块，长时间追踪顾客的消费轨迹和生命周期，然后借助技术运算能力，得出分类标准，对不同状态的顾客采取有针对性的行动，目的是让顾客持续升级到更高的级别，甚至让那些已经沉睡的顾客回心转意(见图6-4)。

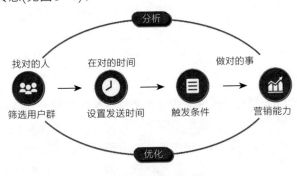

图6-4　营销自动化系统

(2) 顾客关系管理系统

以往提到客户关系管理，说的最多的软件叫作CRM，但对于会员制企业，这一模块的目的是实体企业与顾客保持经常的互动。

举例来说，很多企业对接微信环境，门店会员可以绑定微信会员卡，在微信中进行会员服务的相关交互行为。但大家也都知道，微信公众平台并未提供即时对话的功能和权限，如果用户不主动发起对话，企业方将无法与用户产生互动。

基于这样的前提，会员制企业更需要一套工具，来规范化地与顾客保持时时刻刻的联系，并且区别于粗放的个人微信加好友和员工变动造成客户资料流失的问题(见图6-5)。

图6-5　顾客关系管理系统

(3) 订阅计费系统

这个模块几乎是任意定价付费模式下的会员制企业必须具备的，这项技术很重要，也很基础，能够让企业有足够的自由来设计对会员有意义的服务。订阅计费的意思就是，当你设置了一种会员收费方案时，可以通过系统自动计费(见图6-6)。

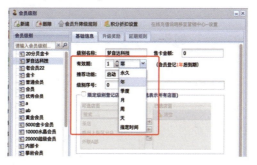

图6-6　订阅计费系统

(4) 社群工具

几乎所有企业都把微信群称为社群，虽然这种认知相对狭隘，但并不妨碍企业想通过社群的具体形态与自己的终端客户建立一种长期的互动关系。如果你锁定微信群，就要借助一些运营工具，建立群规则、群秩序，进行更便捷的互动以及采取更有号召力的活动。目前，企业微信已经逐步开放社群管理功能。

(5) 顾客成功系统

所谓顾客成功，是一项高级的技术，指的是顾客通过企业所提供的产品和服务，能否朝着所对应的领域取得成功。举例来说，中医养生的顾客在一系列理疗后被治愈，就是顾客成功。

顾客成功的管理模块，可以通过程序技术来实现。先通过程序追踪、监控顾客的消费数据，从而判断顾客当前的消费状态在"成功计划"中处于何种位置。然后针对顾客所处的状态，人工制订下一步的营销策略，为其提供更优的消费选择。最后，通过自动化提醒的方式，督促顾客以及为他服务的工作人员共同执行既定的消费计划（见图6-7）。

图 6-7 顾客成功系统

如果健身俱乐部采用了这样的服务机制，那么每一个会员都会从入会第一天拥有一个完整的计划，目的是帮助你达到理想的状态，而这条路会随着你的累计消费不断地调整和矫正，并给出下一阶段的建议，你的会员最终付费的其实不是你的设备和场地，而是为完成目标所付出的努力。

(6) 顾客忠诚计划

对于顾客忠诚度，更应关注的是如何增加顾客离开的成本，让顾客的每一次消费和行动都能累计更多的额外价值，即利用"弃之可惜"的心理，提高留存的概率。

买工具，还是造工具

顾客忠诚计划，即通过技术手段自动地为会员提供奖励以换取顾客的忠诚度，就好比游戏中的经验积累、徽章、装备、等级等，系统自动跟踪每一个会员的进度，自动为其发放相应的特权，来促进会员和企业之间的关系。

企业级软件技术服务，目前多采用SaaS模式，企业即买即用，综合成本最低。该模式提供标准化解决方案，采购成本较低。

有一些企业会有别的顾虑，不希望自己的商业机密、核心差异化因素以及顾客的信息停留在别人的技术产品上，于是自己开发一套系统，自己搭建服务器，自己运营维护。但是，一旦涉及定制开发，系统的成本将会大幅提升，企业主要有足够的心理准备和预算支撑。

想自己开发工具的企业，还有另外一个原因，就是标准化解决方案不能够满足自己企业独特的业务流程需求。如果你不排斥SaaS模式，仍然可以采用轻量级定制开发，数据和程序运营交由开发商托管。

对大多数实体企业来说，使用SaaS模式的技术工具，完全能够满足会员制模式的推动，只有在极端需求的情况下，才会考虑自己定制开发。

本节重点

划重点

① 有一些人善用网络技术和工具。但对其他人来说，网络技术工具就如一道深渊，不敢触碰，感觉很难管理、特别复杂，认为自己搞不定。

② 无论你对互联网技术与工具有什么样的看法，事实上，科技的进步一定会促使会员经济蓬勃发展，并且使会员经济发生重要改变。

③ 如果你只能记住一个重点，我希望你记住的是：技术可以、也应该被用来与会员建立稳固的关系。

④ 就算你本身不是技术专家，也必须足够了解技术趋势，只有这样，才能让技术协助你完成会员制的目标。

6.5
如何看待会员营销中的"免费模式"

> There's no such thing as a free lunch.（天下没有免费的午餐。）
>
> ——美国俚语

关于免费战术

在实体店经营过程中，我们经常听到"免费模式""免费策略"这些概念。笔者在思考这一概念时，总会小心谨慎，就像开篇引用的那句美国俚语，每个人都熟知"天下没有免费的午餐"这个道理，但为什么我们总希望采用"免费"的概念去招揽顾客呢？

关于这一问题，我们从两个方面思考：其一，站在顾客角度，他们会在什么样的前提下接受免费？其二，站在企业角度，免费到何种程度，才能确保既得利益？

如果你此时抱着一种翻阅几个免费战术和案例的心态，很抱歉，这里并没有。我们希望对抱有此心态的读者泼泼冷水，冷静客观地看待"免费"，并且能够了解，"免费模式"到底应该发挥何种价值和作用。

我们将关键点总结如下。

第一，当企业需要告诉潜在顾客某种产品的价值时，免费样品是很好的做法。

有些商品一摆上货架，顾客一看就知道这些商品能在自己生活中起到什么作用，会很快作出购买决策。但有的商品，往往需要通过认真的感官体验加上旁人的介绍才能让顾客感受到它的价值。

这时我们就可以考虑引入"免费样品"的战术，就像小商贩的叫卖那样：先尝后买，不甜不要钱。

第二，免费战术最常见的错误是没有提供全面的体验。

有时候我们认为必须限制免费的范围，因为让顾客全面免费体验的成本过高，但这样就要承担让潜在顾客在体验过程中产生错误看法的风险。

最典型的是消费频率较低的行业，免费1次，顾客得到满足，很久之后才会再次产生需求，这种免费体验完全就是"做公益"。所以人们为了使用免费策略，会限制顾客体验全部价值，不能让你体验一次完全满足需求，"留一手"更容易激发购买欲，就像看电视剧一样，只能试看2集，到剧情最紧张的时候就要付费了。

所谓的误区，往往就出现在我们把限制免费范围的行为类比成了电视剧付费才能看，其实每一集电视剧都是一个完整的消费体验，它必须做到尽快激起观众的兴趣，才有可能让他们产生继续看下去的欲望。如果你只放一个片头曲，还没看几个画面就想让观众付费，也是非常难的。

如果你试图采用免费体验的方式接触顾客，一定要记得，不能"阉割"顾客在体验中的价值感受。

第三，我们还会担心如果采取免费战术，若用户在免费试用期间已经取得了需要加入会员之后的所有好处，需求已被满足，就没有付费的理由了。比如你的付费方案是按年付费，为了让顾客感受到年费会员的特权，你提供了7天免费体验期，而顾客的需求很可能在这7天内就被满足了，他们就没有理由付年费。

针对这种情况，你的对策应该是当顾客需要短期取用服务时，你就设计一个短期的会员付费方案。

两种免费战术优劣分析

(1) 免费增值

免费增值指的是免费获取有限度的好处。

对会员制企业来说，免费增值几乎是必不可少的战术之一，因为它有以下好处：
- 帮助你建立知名度，是强调付费会员优势的手段；
- 帮助你建立会员社群，让会员相互联结，区分与付费顾客之间的价值和特权；
- 可以借此名义鼓励延长试用，从而吸引新会员。

但这种战术同样有风险：
- 可能让付费会员权益受损；
- 可能让人们期待免费的服务；
- 可能提供一个服务相对低、无持续价值的服务，反而对人们造成困扰。

免费增值可能是一种绝佳的工具，但需要注意的是，免费增值是达成目的的手段，而那个目的始终都是营收。

(2) 免费试用

免费试用指的是短时间内，免费体验会员的所有好处。我们希望通过免费的方式，让用户感知并认可企业的价值，从而完成付费升级。事实上，如果企业同时存在免费和付费的产品，情况可能相当棘手：
- 免费价值过高，会员就不可能付费升级；
- 免费价值不够，没有办法吸引人；
- 免费体验如果不能让人满意，用户容易产生负面情绪(这是最糟糕的情况)。

许多免费策略的失败，就在于企业无法在免费和付费之间平衡价值。所以，对于何时提供何种免费战术，企业需要先弄清楚免费本身的属性。

对象
- 免费试用战术，针对入会前需要体验产品的潜在顾客。
- 免费增值战术，针对轻度使用者，他可能关注你，偶尔用到你，但还没到付费的程度，你需要通过免费的基础服务先留住他。

内容
- 免费试用，指的是短期内免费获得会员资格的所有好处。

- 免费增值，指的是免费且无时限地提供一定限度内的好处。

适用时机

- 免费试用战术，适用于我们特别想让用户体验入会的好处，或者实际试用效果要比口头描述更有效的时候。
- 免费增值战术，适用于如果我们引来了一些想用但不想付钱的用户，而这些用户的规模和反应能够帮助我们或者帮助其他付费会员受益的时候。

适用条件

- 免费试用的前提条件是，用户从了解到购买有个过程，并且用户必须在这个过程中得到好处。
- 免费增值的条件是，当你想做病毒式传播，或者裂变时。

需要小心的地方：

- 对免费试用来说，如果好处并未持续下去，人们可能放弃现在的体验，另外，你还要注意，提供全部好处可能成本过高，并不划算；
- 对免费增值来说，价值太低会没有效果，价值太高会花更多的费用，且使用免费增值会产生变动成本，所以这么做到底是否值得，需要企业来衡量。

如果你思考的是免费试用型的战术，问自己几个问题：

- 要付款才能享受产品或服务，这样做会让我流失潜在顾客吗？
- 是否有潜在顾客表示价格过高，他们却并不十分清楚产品的功效？
- 这箱产品真的具有黏着度，能吸引住顾客吗？

如果你思考的是免费增值型的战术，则需要弄清楚另外几个问题：

- 用于免费试用的产品真的能吸引顾客持续消费吗？
- 我是否需要拥有一个不错的用户基数，才能转化出更多的付费会员？
- 获得免费权益的用户，会不会钻漏洞与其他消费者共享此权益？

本节重点

划重点

① 不得不说，采用免费战术，失败的公司比比皆是。有很多人信奉这样一种说法，如果人们有免费的牛奶喝，谁会想买一头牛呢？

② 在许多情况下，免费确实有意义。尤其是在免费使用者自然而然地成为潜在顾客时，能让产品或服务曝光度大增，这时的免费活动会有意义了。

③ 有时候，我们必须以免费试用来吸引使用者进行体验，拿免费试用来说，通常我们可以通过增加数量、功能或提高服务水平，让其中一部分人升级为付费用户，在这个时候，免费成为会员即可免费试用最为有效。

6.6
巧用"晒图好评返现"

"人行事施予,以利之为心,则越人易和;以害之为心,则父子离且怨。"

——战国末期·韩非及后人《韩非子·外储说左上》

俗话说,笑迎八方客,诚待四海宾。开店做生意,讲究的是百年老店,追求的是回头生意,若新顾客得到更好的消费体验,就有机会"下次再来"。

对实体店会员营销来说,任何能够促进与顾客之间关系的行为都弥足珍贵。店铺的任务就是尽快让顾客从生客变熟客,越快越好。

> **案例:淘宝卖家的经典之作——晒图好评给返现**
>
> 某位朋友讲述了一段淘宝购物过程中印象最深的好评返现经历,当听完这个故事之后,我一声惊呼,这就是一个迷你版的新会员维护计划。而且这家淘宝店的做法,从效果上来说比我们常见的实体店维护新会员的方式高效得多。
>
> 朋友在淘宝上买了一件木作家具,并自行组装(我们曾提到过宜家效应——人们会对自己付出时间和精力的事情产生非理性的偏爱)。她很满意这件家具安放到自己房间里的效果。
>
> 大概是在系统显示快件签收后的2个小时,朋友收到了淘宝APP的消息推送,是木作卖家发来的询问:"亲,家具收到后搞得定吗?"

原来，朋友曾咨询过卖家，问这件家具的组装难度大不大。虽然卖家赠送上门安装服务，但疫情期间安装师傅无法入户服务。

朋友回复说："搞定啦！"

从这里开始，店主进入了经典流程。

店主："能帮忙把两把椅子并排放到吧台下面的照片发我看一下吗？之前这款吧台因为椅子靠背太宽，两张椅子并排看起来有点挤，我想看看您那边的效果有没有问题。"

（我们曾说可以主动让顾客帮个小忙，这看上去是请求帮忙，实际上是店主在酝酿顾客满意度，因为他们已经采取了改良措施。）

朋友按照店主的指示随手拍了一下发过去。

店主："这次刚刚好！"

朋友："是做了什么处理了吗？"

店主："哈哈，新一批的家具让师傅做了调整，这下完美了。"

店主："您家配上这个吧台真是好看呀！"

（注意，这两句操作已经非常经典了，首先店主表达了他们对产品精益求精的态度，并且用"完美"来自我评价，紧接着夸朋友家里的装修风格漂亮，配上吧台之后更加好看，这就是在肯定朋友的消费是正确的！）

店主："您能拍两张高颜值的照片晒下图吗？给您返30元。"

朋友："可以啊！"

（朋友对我说，淘宝晒图返现的红包一般是5元，10元都算多的。当然大件商品也有30元的，但是这个金额对她答应拍照晒图显然起到了推动作用，更不用说之前她经过自己亲自组装，安排好位置后产生的满足感。）

店主："照片颜值如果很高，我多返现。"

朋友开始进一步询问店主有没有拍照的要求，打算从"随手一拍"的行为升级成"精心摆拍"。

店主："可以参考一下我们摄影师拍的角度，您拍的如果颜值很高，额外增加50元返现！"

朋友:"哇,这激发了我的摄影欲!"

店主:"当然了,每个月我们都有买家秀的摄影评选,如果你的作品能够评选为第一名,返现将会增加到100元!"

接下来,朋友就开启了单反作业模式。

照片拍完后,朋友发给店主预览,店主开始一连串"彩虹屁":"超赞""太牛了""细节图很OK""虽然不能说是顶级摄影师,但说摄影技术一流肯定是没问题的"。

除了花式夸奖之外,还不忘了再一次用利益刺激一下:"好评的文字多说一点,相信月底100元红包应该没问题!"

然后,朋友把好评的截图发给店主预览,发完图之后,朋友还向店主感慨说:"买的是家具,其实是一种生活方式。"此话一出,又被店主抓住了机会,他赶紧说:"你把这句话也加到评论里面吧!"

朋友操作完之后,没过几分钟,就收到了店主发来的100元红包,还问店主:"不是说月底嘛,怎么提前给了?"

店主说:"刚才反复看了好几遍你的评论和照片,也给团队小伙伴们看,他们都说好,我一时激动,赶紧把红包发给你了。"

以上就是这个案例的全过程,听完朋友描述后,我赶紧要了他们的对话截图,这样的操作步骤,加以拆解,完全可以让实体店作为教科书来参考使用(见图6-8)。

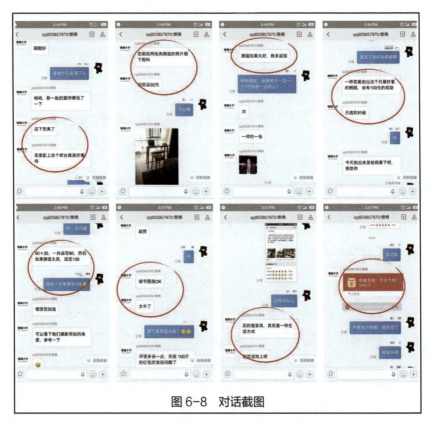

图6-8 对话截图

接下来我们就对上面案例中淘宝店主的操作进行分解,在店铺会员制运营(尤其是在新人入会后)的节点上,灵活运用以下三个关键环节,可以快速拉进与顾客之间的关系。

重申:表达感谢的最佳方式是肯定对方

在客户完成首次消费后,店铺应该把他们列入接下来的新人维护计划,通过回访、阶段刺激等方式快速拉进关系,产生持续消费的机会。

而第一次的主动回访,我们曾多次强调,应以"感谢信"的形式为主,表达对顾客的感谢,而表达感谢的最佳方式,一定是肯定对方本次消费是正确的。对照上述案例，店主一上来先通过"帮个小忙"的方式试图拉进与新客户的关系；得到积极响应后，通过赞美客户消费后的效果表达肯定，这一招其实就是最好的感谢；在前两步的基础上，最后表达礼貌上的感谢会显得十分自然。

所以，如果你不知道"感谢信"这一环节如何具体行动，不妨借鉴上面的操作，做两个动作：让对方帮个小忙，表达对对方在本店消费后的效果或状态的赞美。

偷师："晒图+好评"返现不是淘宝店的专利

在完成第一步后，意味着你的主动回访初见成效，新客户并不反感，反而积极配合你的回访。

在这一基础上，抛出奖励任务，才会提高成功率。第二步的奖励任务，可以有很多种不同的花样，参考上述案例，我们发现实体店完全可以借鉴淘宝店铺常用的"晒图好评返现"的策略。

原因有：

- 越来越多的线下实体经营已经触网转型，线上的互动频繁，图片、文字等素材可以被更多的潜在客户接触到；
- 让顾客帮你展示好的一面，比自己打广告的效果好得多；
- 店铺有更多展示买家秀的终端，包括但不限于店内电子屏、微信私域空间、印刷品等。

实体店偷师淘宝，通过"晒图好评返现"的方式，能够在新客户完成首次消费后立即建立二次联系，同时因为"晒图+好评"能够推动客户付出更多的行动，这意味着客户将受"宜家效应"影响。

此外，"晒图+好评"的另外一个重要因素是这两个动作都是引导人进行积极、有美感的行动，如果你像上述案例的店主一样希望得到更多精美的买家秀，那么顾客在拍摄图片时也会更加努力地让画面看上去更漂亮。在组织文字时，也会调动更多正面、积极的思维，这些都能够让顾客在潜意识里产生美好的印象，从而进一步把你的店铺、产品与美好的印象关联在一起。

当然，拿到顾客真实且正面的晒图好评素材，并非只是让他们本人产生积极的印象，我们还可以把这些素材展示给其他的潜在客户，甚至可以在合适的渠道（例如会员群）中进行评选，或者更进一步，让作出好评的顾客直接帮你把素材分享到他自己的朋友圈。

诚意：返现三部曲，最大的金额只为等你

为了更大程度地让客户配合晒图好评的行动，"返现"这一福利环节必不可少，除了现金红包之外，实体店还可以考虑产品补贴。

返现环节也不是一条规则走到黑。生硬地抛出发"朋友圈好评返10元现金红包"的规则也许并不能调动太多参与积极性，这也是上述案例又一处亮点，那家淘宝店主的返现规则是层层递进的。

第一，直接告诉你只要参与就有30元，这一金额中等偏上，如果起点太低，容易直接被客户忽略或拒绝。

第二，观察客户反映，如果客户愿意参与，则进一步引导他们更认真地对待这项任务："晒图颜值高的话，增加返现金额"，目的是让客户投入更多的精力参与，并且提高收到高质量素材的概率。

第三，告知客户如果他用心参与这一活动，则有机会拔得头筹，从众多客户的评比中脱颖而出，赢得大奖。这一策略其实是启用了杠杆效应，在客户心中树了一个排行榜，并且暗示他有机会让自己排到第一名。

杠杆效应能够自发地撬动用户积极性，这也是微信运动的步数有排名，各种游戏有排行的原因。

本节重点

划重点

大家在采取"晒图好评返现"这招策略时，可以根据先后顺序，注意以下8个细节：

① 第一时间进行回访，并通过关心、要求帮忙等方式拉进与顾客的距离，消除沟通障碍；

② 表达本店对产品的要求很高，并感谢顾客也有同样的高要求，其实是夸对方有眼光，会选货；

③ 邀请顾客晒买家秀，并抛出第一个看上去不容错过的福利回报；

④ 如果顾客有兴趣参与，可通过提高福利来促使他认真对待"晒图+好评"返现这件事；

⑤ 抛出带有评比属性的终极奖励，并暗示客户非常有可能获得好的名次；

⑥ 收到客户精心拍摄的照片和用心撰写的文字后，再次不吝辞藻地表达赞美；

⑦ 承诺客户这些素材将会出现在店铺的显要位置，并邀请他们一起发朋友圈晒美图；

⑧ 在自己的私域流量池阵地中，尽可能多地持续展示买家秀和好评，这会为你赢得更多新顾客的信任与消费尝试。

第2部分
三大微信私域流量池运营

第 **7** 章

微信社群运营

7.1
特惠福利群

"主大计者,必执简以御繁。"

——宋·苏辙《上皇帝书》

案例:本周特供——1块钱1袋的食用盐

一家生鲜店在自己的福利群中每周都会组织特供团购,其中有一期特供活动是团购食用盐,1元一袋,每份10袋,群内接龙报名团购,私信给群主直接转账,成团后群主会通知参与特供活动的客户在周末两天到店提货。

这家店还申请了该小区的菜鸟驿站,每天取快递的人很多,他们或是只取快递,或是顺便买一些果蔬带回家,但在周末两天,进出小店的人都能看到有一个货架上堆满了打包好的10袋一包的食用盐,有些人好奇地询问店主这盐是怎么回事,听说是1元1袋时,还有人问能不能现在购买直接拿走,得到的答复是该活动仅限群内参与团购的用户,于是,有更多的人扫码进了群……

特惠福利群的策略架构

特惠福利群的意义是用成交锁定意向客户,用福利裂变意向客户。特惠福利群是为了让店铺能够维持更高的人气(专指足够多的意向客户)。

根据漏斗原理,在你能接触到更多的人以后,才会筛选出一定量的意向客户,在跟意向客户持续互动的过程中,刺激转化其中的一部分人成功消费。漏斗的顶层流量越大,底部能够成交的量越大。

但我们需要在此基础上对漏斗模型进行过滤和净化,不能为了扩大顶层流量就让自己的社群鱼龙混杂，乱七八糟的人加进来，非但不能产生转化，反而会让微信群快速恶化成死群。

【对象】意向客户以及与他们有关的人

特惠福利群的核心受众是以店铺消费过的顾客为基础向外辐射，通过社交关系裂变而来的人。其包括以前消费过的顾客、这些顾客认识的且距离店铺较近的人，距离较远但有可能通过物流等方式参与交易的人。

这种社群成员的结构是一个典型的震源型裂变关系结构，就像地震一样，从震中传出地震波，一层层波及，最后来到地面。在特惠福利群中，震源一定要从店铺的已消费顾客开始，我们需要把已消费顾客作为进群的主力流量来源，辅以其他奖励手段，带动他们邀请身边的人加入。有信任基础的意向客户，基于清晰明了的消费福利，带动身边的人参与其中，这种社交关系链从建立之初就比较牢固，并且经过群众自发的净化过滤，保证你所建的群不会瞬间被各种广告狂人"搞死"。

【运营关键词】福利必须"货真价实"

在这类社群的运营中，关于福利、特惠的设计几乎占据了90%以上的重要性。我们要为意向客户量身打造他们感兴趣的、消费频率较高的福利和优惠机制，让他们放心且频繁地在群内产生交易，同时要确保这些福利本身跟自己实体店的主营产品有相关性。

这里面有以下三个误区。

- **误区①**：只针对店内产品做打折让利的福利。有可能出现的不利局面是导致自己的利润率一再下滑，并且可能损伤非特价用户的感情，导致高质量客户流失，最终留下了价格敏感度过高的客户。
- **误区②**：盲目扩张店外产品，搞成了社区团购群。有可能让你偏离店铺的经营方向，如果做得好，群内可能会产生比较不错的购物氛围，但容易与店铺脱轨，无法形成门店与社群的合力，并且会分散店铺精力。
- **误区③**：福利价值不足，用户得不到真正的实惠。这关系到社群能否持续经营下去。除了在群内供应特价商品，我们必须想办法确保群内的大多数意向客户能够得到对他们有用的福利。

特惠福利群中的产品福利体系,要把握好分配比例,店内产品、相关延伸产品、目标客户生活周边产品等都可以纳入其中。总的来说,"店内产品+与业务相关的衍生产品"不能低于40%,并且要掌握好福利活动的频次,避免意向客户产生印象偏差。

特惠福利群的运营内容

运营特惠福利群,通常采用4种活动形式:团购、秒杀、红包、抽奖。

具体概念不再详述,几个实施中的注意点值得重点关注一下。

(1) 团购

不是所有产品都能套用团购活动,一定要先确保参与团购的产品货源是有保障的,包括后续的仓储和物流压力都要考虑在内。曾有群主搞社群团购,团品体积过大,而他们的门店没有足够的空间暂时存放。还有些则是因为产品选择不当,例如野菜等生鲜类团品,大批量到货后,没有办法妥善存放,结果出现腐烂变质的问题,这些小问题都搞得群主骑虎难下。

团购,意味着你要出售的产品是批量的,也意味着它适合群内大多数人参与购买,注意选品的品类不能太过冷门和生僻,尽量选择普适性需求的产品。不管是自营产品还是外部拓展的产品,首先确保批量没问题。

最后就是价格,一般情况下,团品价格在50元以内比较容易接受,再高也不宜超过100元。当然,随着群黏性和活跃度的提升,可以逐渐尝试提高团品单价,但仍然要以低价格团购为主。

特惠福利群中的团购活动不需要太过频繁,一周1次即可,运营人员对于团购的精力,应该重点放在筛选用户需求,选择普适性较强的产品,不能受社群运营所累,刻意高频地搞活动。

(2) 秒杀

秒杀刚好与团购相反,秒杀不适合对某一款商品批量化抢购,而是对多款商品，少量限时供应。

秒杀活动适合高频，每天1~3场均不为过，秒杀活动定时定点，挑选高毛利、高客单的产品来增加秒杀的价值感知，让群内用户可以每天同一时间关注活动动态，是培养活跃度和消费习惯的有效手段。

团购活动可以通过群内报名接龙、私聊发红包的方式进行交易，秒杀活动则需要借助一些工具配合营造活动氛围。

具有秒杀功能的小程序是最佳选择，我们可以提前预告本场秒杀的产品，把商品链接扔到群里，借助软件程序本身的秒杀功能完成整体的交易环节。

如果没有任何软件工具的辅助，则可以通过人工发图片、发价格的方式在群内搞秒杀，但这种情况应该注意每一场秒杀的产品图片不宜过多，三款为宜，短时间内在群里发大量图片不利于阅读，并且容易引起反感。

在秒杀开始前，注意活动预热的节奏，要确保有足够的群用户响应，并做好了秒杀准备，预热可分三步走：群公告(提前1小时、半小时、10分钟、1分钟)、盖楼打卡、群红包(跟随群公告的节奏)。

最后，如果你发现自己的秒杀活动连续几场都没有得到太好的响应，一定要停掉，复查问题，是用户对选品不感兴趣，还是群内的僵尸用户过多。

(3) 红包

群红包是最有效的互动手段，也是社群运营中几乎所有人都会用的方式。需要注意的是，在特惠福利群中，红包的使用要进行延伸，让红包作为福利的一种载体，还要让抢到红包的用户有多一步的消费刺激。

比如手气最佳者，可以得到额外的消费福利；比如一周内累计3次手气最佳者，可以得到更大的消费奖励；手气最差的、每天抢到3次红包的，可以获得24小时有效的消费券，等等。这些延伸措施的目的是避免红包浪费，进一步刺激用户产生二次购买。

(4) 抽奖

抽奖的原则：让少数人中大奖，比让多数人中小奖的效果更好。

关于抽奖，是一种博弈的心理，如果大家看到身边的人能够真的抽中价值不错的奖品，即便大多数人没有中奖，他们也会对抽奖活动产生更强烈的兴趣，因为他身在群中，而你的抽奖活动并非仅有一次。

关于特惠福利群，如上面所说，福利本身一定要有足够的价值，如果用户得不到符合心理预期的特惠与福利，他们将毫不犹豫地转身离去。

特惠福利群的实操教程

明确特惠福利群的定位特征与方向之后，接下来就是导入社群运营的具体工作，我们需要重点把握特惠福利群的两个关键运营核心——持续输出福利内容和保持群成员动态更新。在这两个关键原则基础上，细节工作可以参照以下模板进行。

（1）准备工作

① 群命名

给群命名是建群的第一件事，福利群常见的命名方式一般是店名+主题+群序号。比如泰山路可可小姐福利群1群，蹄管家猪蹄直播粉丝福利3群等。

创建群名时注意文字不要过长，需要多次在手机上预览，看关键信息是否被折叠隐藏，店名尽量用简称。如果你的群不打算搞花样太多的促销活动，以福利主题来命名更为直接，比如某某店红包群，某某店健康食材团购群，或者某某折扣群等。

如果你打算多群运营，在群序号的使用上可以做一点小心思，即便你只有一个群，也可以命名为某某5群，某某8群，起码给人的感觉是你已经有很多群了，粉丝众多。

② 人员分工

店铺的社群管理，一般不需要太多人参与，但是要提前规划好必要的角色，避免既当客服、又当托儿的尴尬。

特惠福利群的运营涉及三种角色，即群主、管理员、小号。

- **群主：** 在特惠福利群中，负责发红包或者承诺给大家某些福利，甚至可以在活动福利基础上额外给大家提供某些好处。要把群主塑造成散财童子的形象，大家能通过群主得到实惠的福利。
- **管理员**：群管理员要审核进群邀请、维持秩序、组织活动，不能擅自对福利内容进行决策。如果你希望自己的群管理员(或者你本人必须承担这个角色时)不那么惹人讨厌、生硬死板，可以试着除了维持必要秩序之外，多站在用户一边，替用户说话，甚至可以在互动中煽动群友向群主讨要福利。

  多数情况下，会由店员充当管理员，这时候要注意一点，特惠福利群中不受理任何客服类的咨询，发现群里有人咨询店铺业务或者关于售后方面的内容，可以接个话，大大方方地在群内@对方，说安排客服微信联系他。对于管理员，一定要注意自己的微信头像和昵称，务必看上去足够官方，比如采用店铺logo作为头像，把昵称直接改成"管理员+称呼"的方式，例如管理员曼曼。
- **小号**：在群内负责配合烘托气氛，营造人气，带动话题互动以及在活动期间造势，可以是自己人注册的小号，也可以联系一些亲朋好友让他们帮忙充当该角色。

③ 群规制定

要提前把群规制定好，可作为公告重复使用，让群成员及时了解并遵守游戏规则。

群规内容一般包含三类信息，即群简介、福利活动介绍和群内禁止的行为。
- **群简介**：例如，本群是某某店的特惠福利群，专门提供特惠商品购买、店铺福利发放等服务。
- **福利活动介绍**：例如，本群每天三轮红包、三场秒杀，每周一次团购、一次抽奖。

  根据自己的活动方案和群的运营需要，最好具体到日期和时间，什么时间，干什么事，用户能获得哪种类型的福利，这些要做简要描述。
- **群内禁止的行为**：通常是维持秩序必要的一些约束，比如乱发广告、私加好友、发布不良言论等。

另外，可以在群规公告中说明，本群将定期清理僵尸粉，长期潜水不参与福利活动的，视为自动放弃本群特权。

④ 互动频次

可以采用每天、每周、每月这三个时间周期来确定自己的互动频次。

a. 每天

每天要做的互动有红包、秒杀、晒图。

- **红包**：每天发几轮红包，是固定时间点，还是达到某一个特定标准？定了频次，就可以继续往下梳理，红包的金额如何分配，小额和大额红包怎么配合，这些都可以灵活制定，重要的是你要先确定自己的互动频次。
- **秒杀**：每天进行1~3场秒杀，定下秒杀场次后，安排人员准备秒杀的产品。
- **晒图**：可细分为晒排行榜、晒福利兑现的现场照片、晒福利产品、晒订单。

　　比如群内成员参与活动的积分排行，每周清零一次，前几名有额外福利等。每天晒排行榜，有利于利用榜单这种杠杆效应，刺激群内用户的参与度。

　　晒福利兑现的现场照片，比如抽奖获得的免费礼品，顾客到店领取的照片，或者抢红包手气最佳获得进店消费5折优惠券到店使用的画面，等等。

　　与近期福利相关的一些产品图，比如你准备的秒杀产品、团购产品、店内堆头、产品特写和送货、物流等图片，让用户多角度地了解福利群所提供的福利产品。

　　除了上述图片素材之外，还包括与福利产品相关的付款截图、订单等，这些都有助于活跃福利群的氛围。

b. 每周

适合每周做的互动，比如团购活动，抽奖活动，先确定具体的活动时间，然后制订工作计划。

c. 每月

适合每月一次的互动，比如店铺的联动活动。

这样一来，福利群每天有小福利，每周有大福利，每月还有类似于店庆一样的联动促销活动，让线上和线下进行串联，通过福利这一诉求点，紧紧抓住意向客户。

⑤ 奖罚制度

奖罚制度无须过于详细，只需提供正向引导作用。

- 奖励制度：可以对推荐新人进群的行为进行礼品或红包奖励，对参与福利活动的活跃度进行积分奖励，并以此作为每周动态排行榜的计算基础，让用户努力获得以周为单位的额外奖励。同时，对于参与度的积分统计，还可作为后续清理僵尸粉的依据，那些很少获得积分的用户，可以定期清理出去，保证群内多数人处于活跃状态。
- 处罚制度：即对违反群规的行为采取的处理方式。比如乱发无关消息的行为，一般会对其进行警告，@他撤回消息。当然，我们还可以采取零容忍的政策，一旦违规，立刻清理。

⑥ 入群方式

顾客想要加入实体店的福利群，一般是到店消费，由人工引导，扫码进群，然后享受后续福利。如果群内人数比较多，群的二维码就会失效，这时候可以让顾客扫码加个人微信，然后由工作人员邀请入群。这种通过店铺进群的方式，应该作为主要入口。（推荐大家多关注企业微信的群管理功能。）

为了配合店铺搞活动，我们可以让群内的老客户主动邀请好友进群享受福利。可结合裂变规则，定期刺激群友完成邀请入群的任务，从而获得更大的奖励。

但要注意，一般情况下，在群运营尚未稳定的阶段，不建议太早地启动顾客邀约进群这种方式，过快的加人会让群成员之间变得陌生。最好在遇到联动活动或大型活动时刺激邀约，平时则以店内顾客入群为主。

⑦ 福利体系设计

对群内不同类型成员设定不同的福利体系，是有别于日常互动类福利的另外一种策略。

还原一下场景，当顾客在店内消费时，服务人员引导他加入福利群，可以有固定话术："新人入群可以额外获得5元(或者10元)代金券，今天就能用！"

这属于新人入群的福利。

针对老顾客邀请新人进群，我们要给双返的福利，即新人得一份，老顾客也得一份。这属于老带新的福利。

然后是定期的日常福利，设置定期推送的福利政策，比如每周固定时间抢券包，一共3张电子券，1张无门槛、1张仅限店铺、1张仅限群内消费。

有了上述7项准备工作，说明你的福利群运营方案的框架已经初步搭建完成，接下来就可以启动社群了。

(2) 日常运营

考虑到门店运营本身就占用人力，额外运营社群势必会分散精力，增加工作量，所以，对实体店来说，社区运营不能太重，每天要做的事必须足够简单。

总的来说，日常运营分为以下4大类，细算工作量的话，其实寥寥无几。

① 新人入群仪式

因为已经提前设计好了入群方式和政策，所以我们可以从容地把控社群入口，由管理员盯着入群的邀请确认通知即可。当有新人入群时，做以下三个已经提前准备好素材的动作(企业微信可以自动完成以下动作)。

第一，欢迎词。不需要参考模板，简单地表达对新伙伴加入的欢迎即可。

第二，@新来的用户，然后复制粘贴群规。注意这时候尽量少用群公告的方式发群规，@所有人这个操作，一定慎用，若非让所有人能够获得价值的通知，就不要使用这个功能。单独@新人，告诉他本群的群规，既做了一对一互动，也避免打扰其他人。

第三，发近期活动公告。要让新用户了解，最近有哪些活动、哪些福利，也许在他进群之前群内刚热闹了一阵，但新人进群看不到之前的聊天记录。

在新人欢迎仪式环节，还可以加入一些红包互动，鼓励老用户对新用户表示欢迎，或者基于群人数的增加制定一个红包触发条件，比如群人数每增加20，触发一次新人庆祝红包，或者群人数增加到逢6、逢9、逢你喜欢的任何数字时，都可以发红包进行互动。

② 秩序维护

福利群中不需要刻意维持活跃，你也没有太多的精力让这个群一直都闹哄哄的。除了福利活动、新人入群以及偶尔闲聊，管理员只需要做必要的秩序维护。

在前期准备工作中，已经提前制定了违规处理的办法，一旦发现群里有违规行为，照做即可，在处理时，应关注三个细节：

第一，我们建议违规零容忍，不用给一次警告，直接踢；

第二，小额红包欢送一下违规者，让大家知道管理员在认真地维护群的秩序；

第三，在有人领了红包后，把近期活动发一发，一是覆盖违规的痕迹，二是提醒抢红包的用户关注福利活动。

③ 活动流程

在群内发布活动的流程是：

预热→发布→造势→复盘

a. 预热

罗永浩直播电商的首秀，受到了各领域的关注，一场直播销售额接近2个亿，如此具有号召力的带货大咖，仍然遵循推广工作的基础原理。首先，个人通过微博宣布，要从事直播电商；其次，各路消息纷纷猜测，到底是淘宝直播8000万签约了他，还是抖音直播6000万搞定了老罗；再次，宣布通过抖音直播；最后，发布5张倒计时海报，每一张都用悬疑的方式，抛一些挑逗关注度的蛛丝马迹。

罗永浩这样级别的网红直播还要每次都预热，那么对普通店铺来说，预热更加必要。

福利群的活动预热环节可以简化，但至少包含以下三个环节。

第一，活动内容的预告。准备好漂亮的产品图和促销利益点，把活动价值线索抛出来，明确时间，勾起期待欲。

第二，活动预报名。号召群友进行预报名接龙，在这一环节可以加入分支福利，例如报名每超过20人，搞一次免单抽奖。预报名的目的是提前锁定意向客户，在活动进程中重点跟进，可以通过群内@或者私聊提醒等方式确保意向客户最大程度地参与活动。

第三，红包打卡提醒。可以把活动倒计时的提醒提前设置2～3轮，就像闹钟一样，到点发红包，然后通知群友活动即将开始。

b. 发布

预热之后，活动流程的第二个环节是发布。

大家完全可以借鉴老罗开直播的发布形式，去发布自己的每一场活动，包括海报图、产品图以及参与通道。

活动主题海报应尽量采用简约干净的画面，用简短的文字和高清图片把活动主题表达出来。如果做图能力强，可以做3～5张倒计时海报，每一张突出一个价值诉求点。

产品图至少包含三个内容，即全景、特写、场景。比如，你想在群内团购橙子，应展示完整包装的图片，单个橙子和横切的特写，以及搭配到餐桌、配到果盘或者孩子吃水果的场景照。这三个内容应该尽可能都表达出来。

参与通道比较简单，可以是直接抢购的链接，顾客访问后直接完成支付，也可以通过个人微信转账的方式收款，但务必提前告知顾客要付给哪个微信号。

c. 造势

在预热、发布，以及活动的进程中，需要发挥小号的作用，除此之外，平时也要注意观察哪些用户属于天然活跃类型，多与他们互动，保持较好的响应关系。

在活动进行中，管理员要持续晒单，比如成交的截图，并在活动后将到店领到产品或者送货上门等图片或者小视频及时发到群里。

d. 复盘

这是最容易忽略的一步，但非常重要。活动效果如何，顾客的反馈情况怎样，这些不仅可用于衡量本次活动的得失，还涉及日后如何调整活动，甚至关系到福利群的死活。

复盘工作可以分为两个层面，对外和对内。

对外，要及时总结公布每一场活动的结果，包括数据、参与活动用户所获得的积分、每周排行榜的动态、福利的兑现情况等，无论数据好看与否，真实地公布给群用户，会让大家对运营者产生一种更值得信赖的印象。

对内，要做一些善后工作。比如务必把参与消费的用户订单及时录入会员系统，便于对会员活跃度和消费数据的全局把控，然后要对每一场活动的重点顾客做标记，必要时抽选一些做回访，简单聊聊他们对福利活动的看法，他们对哪方面的产品和福利更期待，把他们当作超级用户，认真询问并听取他们的意见，这会对你接下来的行动有所帮助。

最后，是对活动数据的统计，最好把历届活动列在同一个表中，可以做同纬度的对比，方便分析活动效果。重点关注的数据包括订单数量、销售金额、客单价、复购率等。

④ 定期清粉

日常工作的最后一项是定期清粉，如果群内僵尸用户比重太大，会影响群的质量和活跃度。

定期清粉就是要把长时间对福利活动无动于衷的用户进行清除，让福利群变成一潭活水，有新流量进去，同时排掉不良流量。

定期清粉的前提是要对群成员的活跃度进行监测，可以借助群管理助手、根据入群时长筛选出潜水员；然后结合活动参与名单进行比对排查，确定一个周期(比如一个月)，将该周期内未参与互动或未参与任何活动的用户列入清除计划；确定每个周期的清除名单后，可以进行私聊以试图挽回，之后就可以大刀阔斧地进行"消粉"工作了。

本节重点

划重点

① 特惠福利群是实体店入手社群运营的起手式，这种类型的群定位清晰明了，群成员的期望和动机简单直接，福利运营远比话题内容运营更轻松。

② 虽然特惠福利群可以面向所有人，但也不要忘了从根源进行净化和过滤，从店铺顾客入手，吸引他们身边的人加入。要始终牢记福利群是为了用福利加速成交，从而为店铺锁定意向客户，切勿追求人数，盲目地裂变拉人。

③ 特惠福利群的定位与作用是为店铺锁定更多的意向客户。

④ 顾客对特惠和福利感兴趣的直接表现形式就是付费。

⑤ 运营特惠福利群，通常采用4种活动形式：团购、秒杀、红包、抽奖。做好这4种活动，几乎就等于成功了90%。

⑥ 特惠福利群作为入门级社群，对运营能力和工作量的考验并不高，7分规划，3分执行，重点的执行围绕福利、特惠进行，为群友提供实惠的消费选择，并且注意这些消费能够随时与店铺进行互动。

⑦ 涉及的交易类福利活动产品，可以是店内自营的产品，也可以是围绕店铺定位拓展的外围产品，无论是何种产品，一定要把福利做的真实，不要打着福利、便宜的旗号，钻名不副实的漏子。

⑧ 时刻关注群内的动态，就像盯自家池塘的鱼一样，大鱼务必重点关照，死鱼一定要及时清理。

⑨ 所谓小号，最好是从发动自己身边的亲朋好友开始，然后过渡到真实的活跃客户。

⑩ 福利本身要有足够价值，如果用户得不到符合心理预期的特惠与福利，他们将毫不犹豫地转身离去。

7.2
特权会员群

> "由是先主遂诣亮，凡三往，乃见。"
>
> ——西晋·陈寿《隆中对》

> **案例：何记花甲的会员群每周二买一送一**
>
> 位于大学城外围的何记花甲，只有1个工作人员，老板兼厨师兼收银，后来兼任会员群的管理员。早在疫情危机之前，他就已经经历过一轮无法正常开业的生死局，结果却借助无心插柳的会员群，在校园周边城建整改的6个月内，累计完成了34万单销售。
>
> 老何在一个偶然场合听了一堂会员营销的课程，回来后就开始打起社群运营的主意。
>
> 他只学了一招：周二会员日，买一送一。但是，他做了变通，周二可以预存买一送一，一份花甲15元，顾客可以在周二这天付30元，获得4份的名额，或者付60元，获得8份名额，这些名额有效期只有一周，到下次会员日时，没用完就自动作废。参与预存的会员不一定非得周二当天来领，一周内只要提前在群里打个招呼，店主就会提前制作并打包，顾客随时可以到店领走，无须排队。

特权会员群的策略架构

社群运营就是这样，有时候大阵势搞运营，不一定有很好的效果，有时候就连不起眼的小店，都能通过社群把忠实顾客维护得很好。这得益于群的定位与用户价值之间的匹配度。对店铺来说，会员群几乎就是验证你的会员制度是否有效的试金石。

店内会员营销搞得好不好，立马可以通过会员群的活跃度验证出来。因为特权会员群的定位和作用就是发挥会员服务的优势，锁定持续复购，挖掘会员的终身价值。

通过社群把会员服务逐一落实，会员才会认可群的价值。对于那些把会员营销当作打折手段的店铺，空有会员名义，根本谈不上服务二字，即便是把注册过会员的顾客拉到一个群里，他们也不知道该在群里做些什么，因为该打的折扣已经承诺，群里几乎没有其他额外价值可以提供。

【对象】店铺会员

特权会员群针对的受众很明确，就是店内会员，非会员不允许入群。这种类型的群不需要鼓励用户裂变拉人，把群入口收紧，每一个群成员都应该能和会员账户一一对应。

【运营关键词】服务

会员群既然仅面向会员开放，并且目的是挖掘复购和潜在价值，运营的关键词就应该锁定在"服务"二字，减少过多类似福利特惠群的促销手段，而是执行服务流程。

特权会员群的运营内容

运营内容围绕会员服务展开，总体来说，分为5类：消费特权类、会员日类、咨询辅导类、预定预约类、内容分享类。

这5类不用必须全部做，根据自身情况，选择其中适合自己企业和会员特征的内容进行运营即可。

(1) 消费特权

消费特权很大程度上已经预设在会员身份内，顾客注册或办卡成为会员后，自动获得与之对应的消费特权，常见的多数是享受会员价或者享受折扣。但我们往往无法在会员群中对已有的消费特权进行社群化运营，于是很多会员群逐渐演变成了特惠福利群，失去了会员专属的意义，这是运营会员群的最大误区。

消费特权的社群运营，需要把无形的权利转变成有形的、可视化的、可感知的活动，除了会员价和折扣，还包括优先权、返利权、额外福利以及专属活动。

① 优先权

优先权通俗理解就是非但不用排队，还可以插队。例如新品限量上市时，会员可以优先购买(在手机连锁店，品牌发布新机后一般少量到货，此时可针对会员进行优先售卖)；在需要排队的消费场景中，会员可以免排队等。

② 返利权

返利权是会员社群的常用策略，它的基础原理是会员在某一时期内参与消费，可以获得与之对应的现金返还。

常见做法有以下几种。

- **当日红包返利**：每晚8—9点，会员群定期发放红包，红包金额的大小取决于当天所有会员消费金额的高低，店铺可以按会员消费笔数来设置不同额度的奖励金，通过红包方式进行群内返利，所有会员均可参与。由此演变的玩法还包括周末狂欢大红包，例如每周六红包返利额翻倍、轮次翻倍，鼓励会员积极消费，大家消费的多，返利也就水涨船高。

- **每周抽免单**：会员本周内的消费中，有可能获得单笔免单返利的资格。例如每周二开启在线抽奖，一等奖为免单资格，中奖者可以获得一周内所有消费中符合规则的单笔全返，店主可以规定只返消费金额最低的那笔订单，也可以为了鼓励消费，规定本周消费金额第二高的那笔订单全返。

    因为涉及返利金额可能较高，建议此类返利方式不以现金红包方式发放，而是以储值或者现金券的方式进行兑现。

    这种每周抽免单的返利方式，还可以灵活演变规则，例如提前抽免单：将免单的概率提高，面向所有会员开放，抽中的免单是未来一周内的消费订单。比如，会员A抽到下一周内所有消费金额第三高的订单全返，那么达标规则就是当周至少消费三笔，返还最低金额那笔订单。如果会员想得到更多的返利，就会提高消费金额。这种提前抽奖的方式更有利于刺激会员的重复消费，会员因为提前获得了免单的资格，从消费心理上他们会不太愿意轻易放弃这次返利，而抽免单的中奖奖项也可以多样化，可以规定返哪个金额的订单，也可以规定是全返还是部分返。

至于消费单据的核对，完全可以结合会员系统内的消费记录，避免发生因小票遗失与顾客扯皮的现象。结合会员系统，抽奖清晰明了，兑奖资格核对也不会占用太多的人工精力，抽免单的活动用得好，是提升消费忠诚度和频次的有效保障。

- **基于个人账户产生**：每个人都有机会获得，不需要跟其他人抢某个中奖名额。以一周为例，会员A本周消费3笔，订单金额1000元，可以根据余额宝年化收益率或者其他比率为基准，借助Excel批量核算会员的消费返利金额，相当于让顾客已经花出去的钱还能继续产生利息。

③ 额外福利

额外福利是指会员卡已有权益之外的新增福利，只有加入会员群才能享受，包括店内产品和服务的叠加式特惠，例如组合成套餐，享受连会员卡用户都无法获得的更超值价格；也可以包含店外衍生的产品和服务，类似特惠福利群中的团购，为会员挑选供应其他相关的优质产品。

④ 专属活动

会员的专属活动定义较为广泛，并且不局限店内业务范围。某家经营益智玩具的连锁店，在暑假到来之际，提前向会员群公布暑期夏令营活动，分三批发团。根据暑期时间安排，家长可以灵活掌握档期，报名参加。这种夏令营活动并非一家玩具店就能搞起来的，还需要联合外部的拓展训练机构，引入对方成熟的夏令营产品方案，每个团都由店长作为会员群的大家长亲自参与，帮助顾客照应自己的孩子。

一个暑期下来，夏令营的会员专属活动提成收入，竟然跟同期店内销售额相当。因为有了面对面的线下活动，会员和店铺的关系也更进一步，很多小朋友再次进店时都跟之前带队的店长亲密无间，家长因为这样的活动也对店铺产生了更高的信任度。

(2) 会员日

关于会员日，社群起到的作用有两点：通知和收款。

通知是指每逢会员日时，在群内多轮次通知会员日活动内容，晒活动参与情况。收款则是指在店铺活动之外，在社群内要有对应的会员日专属产品，直接在群内付款成交。

在前文何记花甲的会员群买一送一的会员日活动中，我们已经初见社群的影响力和效果，会员日是会员养成定期复购的一种带有明显身份归属感的节日，当我们成为会员后，会很开心地遇到会员日，因为大家都心照不宣地认为，自己可以在会员日获得更多的好处。

某家服装店的会员日活动很有特色，同样是买一送一，他们的策略是送等额的券。将每周六定为会员日，一周仅此一天。店家在周一至周五通过社群公布产品照片和介绍，群内会员则在此期间物色产品，以在周六将其收入囊中。由于会员日越做越火，很多顾客为了拿到如意的服装，竟会在周一至周五期间到店逛逛、试衣，然后预定，就等着周六到店直接试衣取货。

(3) 咨询辅导

基于经营领域不同，一些店铺的产品和服务需要更长的售后周期，顾客离店后，也存在后续使用过程中的各种疑问和注意事项，例如美容养生、中医保健类，配合疗程套餐，往往需要顾客在日常家居中自行使用某些外带的产品或食品，这时候就需要店内的专业人员给予更多的指导、讲解。

某家中医保健馆，会员群长期稳定在499人上下，他们的群内主要运营的就是此类内容，店内有一位口碑极佳的中医老师会在群内定期讲解养生保健的知识，比如怎么通过看舌苔来判断身体情况，作出相应的调养措施，也会解答一些日常遇到的健康问题，教会员学会一些在家即可进行操作的手法，等等。

这家店的养生群，始终维持着较高的活跃度，与一批忠实会员保持密切联系，与此同时，也逐渐树立了那位中医老师的权威地位，很多顾客进店不是为了咨询产品和享受服务项目，而是先找这位老师看看，再决定做什么项目。

价格因素已经不是他们首要关心的内容,他们基于更强的信任感,产生了牢固的忠诚度。

(4) 预约预定

服务类的门店可以预约技师和到店时间;零售类的门店可以提前点单,到店不用等。预约预定的服务是目前会员群内出现的最为频繁的形式,当会员开始习惯在群内预约时,你的会员群将会走向良性循环,因为这种行为在向其他人传递一个信号:这家店服务人性化,并且产品确实受欢迎。

(5) 内容分享

适合做内容分享的会员福利群也有共性特征,一般与咨询辅导相结合,店铺应具有更多的专业知识和掌握一定的操作方法,才能为消费者的工作和生活产生更多的附加价值。

某家健身设备厂家生产划船机,并通过线上通道销售。顾客收到划船机之后,可以扫码关注公众号,下载能够跟划船机数据连接的健身APP。用户在健身过程中可以同步使用APP上的划船教程,还可以与其他用户在线来一场比赛。后来,因为活跃用户越来越多,这家公司开始组建地方会员群,在群内有专业教练进行讲解、做视频分享,并且解答会员的提问,通过专业化输出,越来越多的健身爱好者开始聚集在社群,而那些买了健身设备却不参与锻炼的用户,则逐渐被清除出去。这批爱好者中很快出现了运动达人,社群的运营开始帮达人树立领袖形象,给他们更多的权益,邀请他们参与地区划船比赛,并参观正式的赛事,与专业运动员和其他群友进行面对面交流。

正是因为会员群,才帮助这家公司召集了众多的深度使用者,而这些人因为频繁使用以及更专业的能力,成为超级用户,带来更大的号召力,并复购周边产品。

试想,如果没有会员社群的接入,对公司来说,他们掌握的仅仅是购买过划船机的订单上那些客户的资料,至于哪些人买回去再也没有用过,哪些人用得很好却仅限于自己使用(无法带动更多的人了解产品),

他们几乎无法获知。

特权会员群的运营实操

特权会员群的运营实操跟福利群最明显的区别在于"服务"二字，如果说福利群以引导消费为主，那么会员群则需要处处体现"服务"的感觉。这就好比我们去一家理发店剪头发，躺在洗头床，闭上眼睛感觉到温热的流水划过发隙，刚要舒展一下眉头准备享受一番时，技师开始和你说话了。有一些技师会说 "先生/女士，这个力度可以吗，我记得上次就是我给您洗的头，这次我多给您按一会儿"，另外一些技师会说 "哥/姐，我们现在有个充卡活动特别优惠，您是充1000还是充500？"

如果你是一家店的忠实顾客，你希望听到哪种声音？是服务类的，还是促销类的？

运营会员群时，需要时刻遵循服务至上的原则，然后才是对实操工作的分解。其具体可分为4个方面：建群、入群、管理、互动。

(1) 建群

如果二话不说就把自己微信好友拉到一个群里，简单粗暴地开始运营，特别容易让用户反感。曾有一位做彩妆的店主如此说，"我本身特别不喜欢微信群，经常莫名其妙地被拉到群里，遇到这种情况，我都会先退群，然后把拉我进群的人拉黑，再也不联系了。"

作为消费者，我们是社群的运营对象。平时，大家或多或少地加入过各式各样的微信群，相信大多数人的体验都是差的多好的少，因为大多数群都秉承急功近利的宗旨，要尽快完成收割，在群即将死掉之前，赶快变现，然后另起炉灶再加新人。

轮到自己的店铺做社群运营时，尤其是做会员群时，务必从开端就要多加注意。

① 建群第一步：起名字

会员群的命名原则：让顾客感觉你的店很有规模。有两种常见的命名方式，一种是数字群名，另一种是分店群名。

- **数字群名**：命名规则是"店铺简称+群定位+数字编号"，例如

XX店VIP会员③群,这种命名规则在特惠福利群中讲过。

- **分店群名**:命名规则是"店铺简称+地理命名+群主题"。这并不是必须要求你的店一定是连锁机构,真的有很多分店,而是通过群命名,让人感觉这个店铺很像规范化的连锁品牌。例如可可小姐泰山路店会员群,这就像一家小店的门头上,一般会在右下角标上某某店,并且通常用的是街道名。

运用以上两个小技巧,目的不是让自己的社群看上去高大上,而是在避免前期人数较少时出现尴尬,让顾客认为这家店的会员少。

② 建群环节的第二个具体工作:人员分工

会员群可以把店内的原班人马都拉进来,负责处理与自己岗位职能相关的事务。

其具体包括群主和管理员,群主最好是由老板担任,其次是店长,主要职责有三:热情待客,安排特别的需求,发红包。

管理员的职能分为两类,一类是客服人员,一类是服务支撑人员。客服人员专门负责及时响应群内用户的咨询;服务支撑人员对产品的具体细节作出解答或分享(例如烘焙师详细介绍新品面包的制作工序、用料等特色)。

人员分工确定后,务必检查一下人员在群内的个人视觉形象。第一,群昵称,工作人员最好是统一格式:XX店XX岗的XXX,例如香雪儿烘焙师嘉铭、only服装搭配师小美等。第二,头像,建议店主组织自己的工作人员统一拍摄单人的写真照片,风格可以灵活一些,不用都是职业照,可以融入更多色彩、活泼的表情、比较有特色的装扮等元素,但要注意一点,指定客服的头像要用店铺logo图标,让这个账号一出现就能被识别出来是官方指定客服。

③ 设置群的管理模式

把入群方式调整为需管理员确认才能加入,不允许随意邀请进出,这是为了确保成员的纯净度。

(2) 入群

新群建好之后会有一段时间人比较少,第一批真实的客户几乎决定了这个群后续的活跃状态。

对店铺的会员群来说，首批用户一定要经过筛选，在日常店铺运营和微信的朋友圈中一定要留意分辨那些互动关系不错的老客户：首先，他们跟店铺人员的关系较为熟悉，也时常互动；其次，这些人本身就在微信上较为活跃，经常发朋友圈，与别人互动。

数量不在多，能选到10~20个这种类型的客户，就足够启动会员群了。筛选完毕，接下来要利用闲暇时间进行一对一私聊，目的是获得他们的支持，让他们愿意加入会员群，并且充当"达人"角色，平时帮忙在群内活跃气氛。

其具体操作如下所示。

- 第一，告知这些筛选过的种子会员，我们将要创建会员群，作为店铺的老朋友，我们希望得到他们的支持和建议。
- 第二，告知他们关于会员群的设想，我们将如何定位会员的服务群，这个群的意义是什么，将会给客户提供什么价值。
- 第三，请教他们听完会员群的运营计划之后，有哪些看法，真诚地请教他们对本店会员群的运营意见以及他们所期待的内容。
- 第四，获得他们入群的承诺之后，请他们帮个小忙。比如有新人陆续入群时，能否帮忙跟进表示欢迎；平时会员们之间有讨论时，能否多参与互动；能否在消费后向其他群友介绍和分享自己的消费体验以及买家秀等。
- 第五，表示感谢，并且告知他们，已经为他们准备了一份特别的老朋友礼物，下次来店里的时候可以直接带回去。

整个过程其实就像唠家常，因为已经有相对熟悉的关系，在与这些老顾客聊天时，顺便完成以上信息的传递。我们需要让这批种子会员成为会员社群的中坚力量，所以一对一私聊务必妥善落实。

首批种子用户进群后，接下来才是日常的新人入群。新人入群不需要上面这么复杂，因为在办理注册会员的过程中，他们已经对店铺的产品、服务、会员特权有了初步的了解，在实际店铺运营中，我们只需要让服务人员告知新会员，进群有额外新人礼，并且可以在群内享受更多的会员服务即可。

接下来，当有新会员进群时，群主会发红包，然后按整齐划一的队列接龙欢迎新人，由工作人员带动，老会员跟着响应。

最后，群主@新会员，告知他额外的新人福利如何领取，并且因为他的加入，刚刚参与欢迎新人的老会员也可获得一份福利。然后为他介绍群内工作人员的分工，告知新会员如果遇到什么问题或者有什么需求时，可以找谁咨询。

(3) 管理

这项工作很简单，只涉及邀请新会员入群、审核入群请求、发布群公告，以及管控群内秩序。

① 新会员入群

根据日常店铺的经营场景，我们需要锁定新会员的来源，并且安排专人、制订专门的维护和回访计划，以对新会员进行响应和激活。大多数店铺的会员注册途径为线上和线下，线下是到店消费的顾客，线上则是基于微信公众号自行完成注册的用户，针对这种情况，每天应该抽出固定的时间，对当天注册的用户信息进行回访维护，该加微信的加微信，该打电话的打电话。然后，由专人邀请他们进群。

② 审核入群请求

接下来就是审核工作，设置多个管理员的用意就是能够第一时间处理邀请信息，因为前面已经规定是专人进行邀约，审核人员只需要确认这些人的邀请申请，其他人的申请信息则忽略。

③ 发布群公告

会员群的公告要慎用，每一次公告，都意味着@了所有人，如果不是重要信息(例如活动发布等)，不要频繁使用公告，否则容易打扰其他顾客。

④ 秩序管理

会员群不用像特惠福利群那样有规范文本的群规，人为控制即可，如果遇到有人发布不太合适的内容，及时叫停，并且微信私聊，告诉他会员群里尽量不要发无关信息,如果内容无伤大雅,则由工作人员分享店内的一些动态进行刷屏即可。

若遇到比较过分的信息发布,需要再加一轮红包,表达对其他用户受到打扰的歉意。

(4) 互动

日常运营的最高频环节是群内的互动,这也构成了会员群中的大多数内容。

适合在会员群中做的互动有新人的欢迎互动、会员活动的发布、响应咨询并解答、主动分享某些话题、参与闲聊。

对实体店来说,会员群可能是运营压力最小的一种方式,因为它更接近日常工作内容,无非是把服务延伸到了微信,并且会员群不要求特别频繁的互动,也不需要花心思每天问早安、中午发红包、晚上猜成语等,这些花哨的运营招数在会员社群里意义并不大。

本节重点

划重点

① 特权会员群的定位和作用就是发挥会员服务的优势,锁定持续复购,挖掘会员的终身价值。

② 特权会员群的运营内容围绕会员服务展开,总体来说,分为5类:消费特权类、会员日类、咨询辅导类、预定预约类、内容分享类。

③ 建群时,如果在未告知的情况下将自己的微信好友拉到一个群里,简单粗暴地开始运营,特别容易招致用户反感。

④ 特权会员群的实操跟福利群最明显的区别在于服务二字,如果福利群以引导消费为主,那么会员群则需要处处体现"服务",具体表现在群内的促销氛围是否浓厚。

⑤ 对于店铺的会员群,首批用户一定要经过筛选,在日常店铺运营和微信的朋友圈中一定要留意分辨那些互动关系不错的老客户。

⑥ 如果没有会员社群的接入,对企业来说,哪些人买回去再也没用过,哪些人用的很好却仅限于自己使用,他们几乎无法获知。

7.3
超级用户群

> "鹏之徙于南冥也,水击三千里,抟扶摇而上者九万里。"
> ——先秦·庄周《北冥有鱼》

超级用户群的运营很难,因为大多数企业对自己的超级用户毫无感知;但超级用户这一群体的运营,却能为企业带来意想不到的效益。他们是天然的群居者,彼此之间的交流会创造出更多的新晋超级用户,促使他们不断消费,同时也督促企业方不断创新。

在逐渐深入了解会员制过程中,你将会深切地体会到,超级用户将带来何等神奇的影响。在着手开始超级用户社群的运营之前,我们有必要先深入地了解什么是超级用户。

什么是超级用户

(1) 案例和数据

假如你需要销售订书机,在你面前有两种办公室白领群体,一种是没有订书机的人,另一种是已经拥有7~8台订书机的人,你认为哪种人购买一台新订书机的概率更高?

难道是已经拥有了7~8台订书机的人更容易再买一台新的订书机?是的。

这就是超级用户的神奇之处,他们已经有了很多同类产品,但仍然会比其他人更愿意再次购买。

办公用品这一品类,在人们的印象中并不像吃喝玩乐等生活消费领域那么高频,生产厂家以及自己的营销团队也都认为,这些产品的消费需求仅仅是为了满足办公需要，并不高频。

国外一家营销咨询机构在服务一个办公用品销售的连锁企业时，做了大量的市场调查研究，其中有一个特别典型的案例。主角是一家汽车租赁公司的普通女职员，她就是上面提到的拥有多台订书机的人。她每天要装订处理上百份纸质文档，在一沓A4纸左侧打三个孔，然后拿档案夹进行装订。和其他同事不同的是，这位女士有明显的整理强迫症，经她之手装订的文档整齐划一，打孔位置的误差极小。

在访谈过程中，调研人员发现她虽然很享受这种整理效果带来的成就感，但仍然心有怨言，详问得知，就打孔这个环节，公司配备的打孔机是单孔的，也就是说她必须在同一份文件上操作三次，因为每次都要仔细对准位置，整个过程既慢又累，她跟别的同事相比效率自然要低不少。

在完成调研工作后，调研人员送给她一台性能精良但看上去很笨重的三孔打孔机，她竟然开心得像个孩子。再次回访时，调研人员发现她不仅有多台订书机，其他办公用品也与别人不太一样，因为所有的工具都是她精挑细选的，如果你让她推荐某个办公用品，她会脱口而出什么样的工具在何种情况下有怎样的便利性，你可能会惊讶，此人甚至比办公用品企业的导购员还要专业。

在完成一系列调研后，咨询公司发现像上面这位女职员这样对办公用品有执着偏好的顾客并非个例，有很多人对此类产品的要求极高，愿意为更高端的办公设备买单。经过分析探讨之后，他们建议这家办公用品连锁企业变更自己店铺的陈列方式，把大型、专业的办公设备(例如重型打孔机等看上去消费频率更低、更小众的设备)放在以往用来陈列促销品(例如常用文具等)的显著位置，同时配备插座电源，方便顾客随手试用。其目的就是把战略重心转移到超级用户身上。这一策略遭到了个别加盟店的反对，他们无法理解这种离经叛道的做法，拒绝执行。结果，执行新陈列方案的店铺，一年下来提升了19%的销售业绩，而那些拒绝执行的加盟店，不升反降，同比下降了9%。

另外一个案例更能够体现超级用户强大的业绩贡献能力,案例主角是一位家庭主妇,因为搬家,偶然结识了附近的一些喜欢做剪纸的邻居。在此之前,她们家和大多数家庭一样,最多不超过2把剪刀,每年花费在剪刀这个领域上的费用不会超过5美元。

初来乍到,邻居们都很热情,经常邀请她参与剪纸社团活动,在一次活动中,这位新来的女士在朋友们的鼓励和指导下完成了自己的第一个作品,她很开心,喜欢上了剪纸手工。

后来,她的丈夫发现自己家多了十几把不同大小的剪刀,妻子解释说每一把剪刀在剪纸中发挥的作用都不一样,而这十几把剪刀的花费,已经高达100美元。

一个家庭在剪刀上的花费从每年5美元提高到100美元,这种消费现象,已经足够让人吃惊。

类似的案例会经常出现在我们身边,例如我的一个同事,在大学时自学了木质的民谣吉他,平时经常自弹自唱,后来,又多了一把用他的话来说更加专业的吉他,再后来,他开始尝试电吉他,买了电吉他之后,又采购了一些电子设备作为辅助……对吉他店来说,这样的客户远比一时兴起买把入门吉他然后束之高阁的人要重要得多。

网上有句流行语,摄影穷三代,单反毁一生,相机爱好者采购更多高端设备的概率一定比普通消费者更强。

类似地,还有球鞋控,他们买一双价格不菲的球鞋,已经不再是单纯的运动所需;口红控,家里口红色号多到每天涂1种,一年都轮不完一遍;手机控,每一次发布新机,都要抢购第一批新机。

当我们试图了解超级用户时,会发现身边各个领域都有类似的人,而当我们站在店铺经营的角度时,却总忽视针对这种特别的顾客采取重点措施。

我们可能不敢想象超级用户能带来多大价值,下面这几组数据,也许会让你有更直观的感受:

- 超级用户每增加1%,就能增加超级用户以外的10%～15%的新买家人数,并且拉动20%～25%的销售增长;

- 超级用户一般最多不超过企业总消费人数的1/3，但他们能够为你贡献70%的利润；
- 超级用户可以将销售额提高30%～70%，并且能够将你的预期利润提高近100%；
- 超级用户在买一磅披萨时，会多付5%的钱，并且企业在超级用户身上少花费33%的促销费用。

再回到第一个案例，这时候我们就不再怀疑已经拥有7～8台订书机的用户，有很大的可能会比还没有订书机的用户，更容易再买一台新的，甚至是贵的。

(2) 超级用户的特征

这些案例和数据，为我们揭开超级用户的特征，这些特征对经营至关重要。

- 超级用户不仅仅是重量级用户(购买量大或者花费多的人)，还热爱你的产品，对产品的使用率极高，甚至到了痴迷的程度。
- 你更应该鼓励顾客买了东西一定要用，而不是仅仅达成购买。
- 超级用户贡献大，并不是因为他们是乱买一气的剁手党，只是他们的购买行为受情感和生活意愿的支配更大。
- 他们是使用你产品的专家，不仅可以帮助你的产品持续创新，还可以侃侃而谈地向其他消费者推荐这些产品。
- 超级用户对价格非常不敏感。
- 他们不仅愿意花钱购买，还会对产品投入更多的感情。
- 超级用户愿意购买更多，并且带来其他购买者。
- 超级用户辨识度很高，他们与其他普通用户有明显的区别，但很奇怪，当你看到这一条时，几乎对自己的超级用户没有什么具体印象。
- 每一款产品都有超级用户。
- 超级用户最初是普通用户，受其他影响，最后变成真正的超级用户。

这意味着，并不是所有人都能变成超级用户，所以，你无须把所有顾客都培养成超级用户,这不现实。

这意味着,你已经错过了很多潜在超级用户,因为他们最初都是普通用户,你并没有为他们创造成为超级用户的条件。

这还意味着,此时此刻,你仍然有机会发现并留下他们,为此,你需要不断地考虑他们会用你的产品解决什么问题?他们的诉求是什么?然后,加速你的新产品发布。

(3) 超级用户的演变过程

想要抓住超级用户,就必须弄明白他们的演变过程,因为最初所有用户都一样,第一次进店消费时会有防备心和显得比较拘谨,看上去并没有太大的热情,甚至还有些冷漠,他们对店员的招待熟视无睹,你无法肯定他还会不会再次光顾。

当我们弄清楚,到底是什么原因让消费者从陌生、理性的消费状态开始转变成感性和热情的消费状态时,我们才能有所行动,去最大程度地开发他们当中那些具备超级用户基因的人。

超级用户的形成基本上概括为4个阶段:极少关注、理性消费、影响情绪、广而告之。随着这4个阶段的发展,他们在某一类商品上的消费也会随之增加。

当他们处于极少关注以及理性消费这个阶段时,可能会是这样的:"我知道有这么个东西,但现在不是很需要他"。这就是比较典型的非消费者或者轻度消费者。

"出于某些原因,我现在需要买它"。有了具体需求,才会促进消费行动,因为这就是我们所熟知的理性消费。在这一期间,他们要调动大量的理性分析,货比三家,先尝后买等都属于理性消费场景。

"我很喜欢它,有时即使我不需要也想买"。这就开始转变了,当顾客对产品认可后,会开始产生好感,这就是非理性消费的开始,也预示着他们可能正在从普通消费者走向超级用户,店方如果在这个阶段为顾客展示更多关于产品价值的信息,显然会加速他们的转化。

"天呐!我以前都没发现它还可以这么用!"这一定是他们看到了什么,使他们产生了新的灵感,"啊哈时刻"到来。例如大多数家庭都认同橄榄油营养且健康，但总有些家庭特别频繁地使用橄榄油，而有些家庭却不知道该在何种烹饪环节使用它。如果他们能够了解更多使用橄榄油的诀窍，很可能会增加消费量。

"它为我解决了这么多问题，让我们的生活更加美好，我要把它推荐给我的亲朋好友。"这就是典型的超级用户特征，他们从影响情绪的阶段，开始进入广而告之的阶段，他们的转介绍比你的店员自卖自夸效果好得多。

超级用户的演变过程，大多数是在自发的环境下进行的，但我们已经发现了一些能够推动演变的因素。

比如生活变故，就像那个因为搬家才加入剪纸爱好者的剪刀消费者；比如内在的动机和接触，就像我们身边有很多一直想学吉他或者想学摄影的朋友，这种内在的念头终有一天爆发，让他们决定入门；比如通过学习和体验，就像我们在疫情期间看抖音视频，学着在家做凉皮、烤面包，然后就有人开始喜欢上干这些事，并且发现自己小有天分，从此爱上了做饭。

让用户进一步产生消费欲望的因素是潜在的动机、需求和欲望，那些已经种草已久的顾客，会不断地在内心深处为自己寻找下定决心的理由，此时我们为什么不能帮他们下决心呢？

当有顾客对某些产品产生喜爱时，是不是可以通过其他超级用户的展示，来为他们提供更多的指导和帮助？就像抖音里面做凉皮、烤面包的视频一样，有些人已经入门了，但他自己做的不够好，就需要学习参考别人的经验。

如果能把超级用户聚集起来，让他们针对同一话题进行交流，是否能够带来更多的灵感与创新？

而上述这些，都是我们启动超级用户社群运营的核心策略。研究超级用户至此，我们得到的最大启发是，感性消费是企业获得成功的最佳状态。

超级用户是典型的感性消费，他们不讲价钱，有强烈的热情，不需要太多的商业手段刺激，就能够不断地为你产生消费额，你需要做的就是不断地为他们提供更高品质的产品与服务，以及更好的消费选项。

超级用户群的运营策略

我们对超级用户群进行架构规划，因其群体的特殊性，先要明确此类社群的运营意义在于让用户的情感战胜理智，从而培养更多稳固的追随者。

接下来是确定运营目标——心智占有，具体表现为以下几点：

- 通过超级用户群的运营，让他们感受到你在产品/服务层面不断地努力；
- 通过超级用户群的运营，让他们不断期待新产品发布；
- 通过超级用户群的运营，让他们得到更多帮他们提升的专业信息；
- 通过超级用户群的运营，让他们中的一部分先成为领袖和偶像。

把目标定下来以后，我们就更容易细化社群运营的内容，在此之前，要明确以下运营策略。

(1) 打造新品类

超级用户基于对产品的热爱而增加对产品的关注度，你的社群围绕产品话题来运营，更容易受到关注，产生共鸣，并且直接导向成交，对店铺来说，这是最快的利润转化过程。

虽然超级用户很重要，但这并不意味着经营社群就必须寻找大家感兴趣的话题去聊天，微信群不同于早期的论坛和QQ群，聊天不是第一诉求。

这就是关于超级用户群的第一个策略，以产品为主，而非以聊天互动为核心。

具体做法包括：

- 试图找出客户的下一个最佳备选方案；
- 将自己的产品与顾客的备选方案做对比；

- 从价格上量化差异；
- 限制商品的增量成本。

这4点都是围绕超级用户去打造新品类的必经之路，其中前三点可以转化为在社群中与超级用户互动的内容，第四点则是对店铺核心能力的考验。

(2) 达人策略

我们需要特别关注对个别榜样的打造，要把他们当中愿意表达和分享的超级用户进行推广和包装，让他们成为这个圈子的意见领袖，受人尊重和追捧，必要时投入更多的资源和经费。

某家健身俱乐部特别注重对优秀会员的选拔，带课教练会观察健身课上的会员，鼓励表现较好的学员走上舞台，和他们同台带课，并邀请他们参与教练专属课程，并尝试将这些会员培养成兼职教练，还对能够承担一定课时量的兼职教练发放补助金。

从普通的参与者，到其中的佼佼者，这不仅会让那些被选中的会员产生更强的黏性，最大的作用还在于让其他会员看到这些榜样的历程，刺激他们跃跃欲试，鼓励他们在消费过程中变得更好，而这些因素无疑对持续复购和带来新会员产生强烈的促进作用。

(3) 定期搞聚会

让超级用户进行面对面的交流，主要有两层意义：其一是促进他们对店铺的黏性，其二是帮助店铺搜集更多价值不菲的创新灵感。

如何运营超级用户群

关于超级用户群的运营工作，分为筹备工作和运维工作。

(1) 筹备工作

筹备工作主要涉及三个方面。

① 建群

超级用户群的建群原则是体现对某种产品消费场景的聚合，根据自己的产品经营品类，你甚至可以针对单个产品组建与之对应的超级用户群，当用户的消费需求足够集中，他们之间的交流和相互影响就会更加强烈。

比如健身俱乐部的超级用户群，就可以细分为器械爱好者联盟、有氧爱好者联盟、动感单车爱好者联盟等。而化妆品的超级用户群则可以细分为彩妆、护理等，尤其是彩妆，几乎还可以细分到唇妆、眼妆等。

② 人员安排

超级用户群只适合店主亲自运营。

还记得前面提到的超级用户群的运营目的吗？让他们感受到你的努力、让他们期待新产品、得到更多专业信息等，这些都需要你的店铺有一个该领域的专家形象，这一形象不仅专业权威，更能够体现出他对这一领域的匠心和追求，让人们感受到不管店铺规模大小如何，只要这家店有这么一个形象存在，就能够确保源源不断地输出更优质的产品和服务。

但凡能够流传几十年的店铺，他们总有一个核心人物。《舌尖上的中国》等类似的美食纪录片，也经常讲述一些小店的故事，他们当中几乎都有这么一个独具匠心的核心人物，正是他们对待自己小店的热忱之心和对专业的不断追求，才能够赢得一代又一代新老主顾的追捧。

这也是另一个关于超级用户群普适性不强的原因，那些真正能够赢得超级用户的店铺，都必须能够沉下心做好一件小事，而这一角色，非店主莫属。

③ 准入条件

首先是种子用户的筛选，先拉种子会员，然后在日常经营中逐渐积累和招募更多志同道合者加入。但超级用户群的准入条件要比一般的会员群高得多，首先你必须找准超级用户，在社群运营的任何一个阶段，都不能为了增加人气而添加很多不相关的用户。

找到超级用户的方式包括从数据分析中寻找以及从身边的亲朋好友中寻找。

你可以通过消费数据进行判断，大多数门店都配备管理系统，但我们更建议大家用会员营销系统来代替或配合传统的收银系统,这样你拿到的数据是带有顾客信息的,而非一张张无名氏的销售单据。

我们先要从人均销售额这一数据中寻找"异类"。

在这些数据中,你一定会发现一些让你不由自主问出"为什么这几个差别那么大"的数据。首先你可以看全部销售数据,然后把数据进行精细划分,如品类,甚至单品。

另外,我们应该经常关注社交平台,不一定关注数字,还可以关注图片、文字的形态。如果某人通过微博、朋友圈、抖音等社交平台上传照片、发布视频时提到了关于你产品的内容,那么这个人是超级用户的概率就会很大。因为大多数普通人在社交平台上只看不发,让他们忍不住要发布关于你的内容,绝对是出于比普通消费者更加强烈的情感。

所以,你要经常在常用的社交媒体上搜索关于自己的关键词,有可能发现有一些人在谈论你。

在启动超级用户群运营时,务必找准人,否则之前的策略和之后的动作可能都不会有太好的效果。

(2) 运维工作

做超级用户群的运维工作时,需要规划好群内运营的主要内容。结合前期的规划方案,我们可以将运维工作细分为以下几个类型。

① 产品/服务的测评

鼓励超级用户发布测评是为了站在高手买家的视角,为其他消费者提供决策依据。在这一过程中,其他超级用户也会从别人的消费过程中获得更多的灵感,来完善自己的消费场景。

如果对测评概念比较模糊,建议大家看看"小牛电动"的微博,他们会经常转发来自用户的视频和图片展示(见图7-1)。

图 7-1 测评图片

将产品/服务的测评做成日常更新的内容，不必拘泥于形式，可以是长篇图文，也可以是短视频，内容足够用心即可，店主应及时借助红包表示感谢，并且进一步地向其询问是否有不足之处和更多优化升级的建议，从而引出第二类运营内容——意见采集。

② 意见采集

在超级用户群中，你面对的是一群可能比自己员工还要专业、比普通顾客更加挑剔却又对你的产品足够热情的人。面对他们，你必须展示出不断为他们努力的一面，而采集意见就是其中一种表现方式。

意见采集的流程细化到群的运营内容中，主要分为4个环节：提出问题，讨论意见，汇总观点，优化过程的反馈。

第一，由店主提出关于产品和消费场景中的一些问题，例如你是一家面馆的老板，可以提出类似关于面的口感劲道的问题，向超级用户询问意见。

第二，讨论意见，这一步通常会需要提问者进行带动，@其中的一些人，先拉出来第一个声音，其他人看到有人发表观点，亦会表达认同和不同的更多声音。

第三，在讨论过程中，店主要做好另外一个细节，及时汇总大家有用的观点，逐条列出，并在群内公示，让你的超级用户知道，你在认真对待这些意见。

第四，如果你决定采纳这些意见并进行落实，务必把你改进的过程用视频、图片的方式不定期地进行分享展示，让大家看到你的努力，而改进结果的好坏则是其次，因为对他们来说，你之前的产品状态已经足够好，他们能够看到你在不断尝试，会在增加期待的同时，也同步增加包容度。

③ 活动类

适合在超级用户群做的活动有三种，即预售、众筹和爆品裂变。

a. 预售

预售是基于产品迭代升级而来的，在此之前，你已在社群汇总并采纳了大家的建议。现在，你可以将其落实在新一代的产品中，但产品上市的成功与否尚未可知，此时面对超级用户进行预售，是最合适不过的活动方式。当然，除了上述流程推出的迭代式升级产品，店主也可以根据自己的专业视角和经验，去引入更多符合超级用户的下一个最佳备选方案(已在打造新品类中提及)，哪怕新产品跟原来的不是一类，但由于这一产品是为了解决超级用户的其他需求，也同样适合进行预售。

b. 众筹

众筹是另外一种预售形式，但等待周期更长，也有更多对参与用户的回馈方式。比如要做的这件事缺少资金，店铺无法在没有额外资金注入的前提下进行探索和尝试，而这件事或要做的某个产品又是超级用户感兴趣的，则可以共同筹集款项，用于新产品的研发和探索。作为回报，往往是拿更实惠的产品进行回馈，也可以考虑其他收益类的回报方式。

c. 爆品裂变

爆品裂变更像是一种基于超级用户的店铺狂欢活动。分为以下几个步骤：

爆品策划→超级用户启动→自己购买+分享好友→红包奖励推动裂变→快速辐射爆破周边客群

爆品裂变的前提是：具备一定量的超级用户；围绕其核心需求组合

出一个爆品礼包；在第一波种子客户中进行小范围传播，促使其下单。

另外，爆品裂变要遵循基础裂变原则，即：利益前置、所见即得、双向奖励。比如当用户第一次打开爆品购买链接时，首先可以获得50元现金红包，满100元可以直接提现。因为是超级用户的推荐，新顾客会放心购买，这时老会员发现自己又增加了30元红包。

用户自己购买完，还可以分享给其他朋友，而分享这一环节又可以获得红包金额变大的机会，比如作出转发动作，红包会增加；别人领了你发的红包，金额再次增加；别人成功下单购买，金额又一次增加，整个活动仅需3～5个转发行为，就会有人满足红包提现的条件，获得100元红包，并成功提现。

当有第一批用户真的得到100元后，又会再次推动裂变热度，这样一来，通过最初10～20个超级用户的响应，一场活动不超过3天，就能撬动几千人的关注，而那些下单的新用户，无疑是你的精准目标客户。

最后，不要忽略"爆店"和"升单"。

顾客到店兑现订单的环节可以进行更深一步的策划，通过预约指定时间的方式让客人集中进店，从而达到"爆店"效果，让周边边客对这家店产生更深的印象。另外，当顾客进店后，如果有另外一个针对大额消费或储值的促销活动，会有一部分人因此再次付费，从而达到提升客单价的目的。

④ 直播类

超级用户社群可以结合店铺的场景做达人直播，主播不再是店内的工作人员，而是邀请来的超级用户，让他们作为主角，由店内工作人员进行配合，通过直播的方式，去展示这些用户使用产品的过程，这种直播的视角从买卖关系转移到顾客之间的关系，我们需要借助超级用户的参与，把直播打造成顾客了解产品的绝佳过程。

因此，我们要鼓励那些表现欲强烈的超级用户出镜，并且努力帮他们塑造专业形象，如果有可能，帮助他们在分享中得到经济回报。

⑤ 线下聚会

我们需要为自己的最忠实支持者创造彼此交流的圈层，让超级用户走到一起，参加主题活动，相互交流，更有利于形成强烈的超级用户群落。

还记得前文中提到的剪纸聚会吗？让超级用户近距离接触产品，给其中精于此道者提供展示自我的机会，并且通过店铺的能力为他们提供更为专业的资源，力图将他们培养成专业人士。

这种基于产品及产品使用场景的"提高班"式的线下聚会，会为你的超级用户群体制造更多的黏合剂，而此时，必定会有人邀请其他朋友陪伴自己一同前往，而这些新来的线下活动用户，会是下一波进群的人。

请注意，到这一环节，超级用户群才第一次对外开放，加入人群。

本节重点

划重点

① 超级用户的形成分为4个阶段，即极少关注、理性消费、影响情绪、广而告之，随着这4个阶段的发展，他们在某一类商品上的消费也会随之增加。

② 让用户进一步产生消费欲望的因素是潜在的动机、需求和欲望。

③ 超级用户是典型的感性消费，他们不讲价钱，有强烈的热情，不需要太多的商业手段刺激，就能够不断地为你产生消费额。

④ 超级用户群的运营目标是实现心智占有，具体表现为：
- 通过超级用户群的运营，让他们感受到你在产品/服务层面不断地努力；
- 通过超级用户群的运营，让他们不断期待新产品发布；
- 通过超级用户群的运营，让他们得到更多帮他们提升的专业信息；
- 通过超级用户群的运营，让他们中的一部分先成为领袖和偶像。

⑤ 一定要安排超级用户进行面对面交流。

⑥ 超级用户群只适合店主亲自运营。

⑦ 那些真正能够赢得超级用户的店铺，必须能沉下心做好一件小事。

⑧ 超级用户社群可以结合店铺的场景做达人直播，主播不再是店内的工作人员，而是邀请来的超级用户。

第 8 章
个人微信号运营

因为个人微信号的操作门槛低，所以其成了众多中小型门店使用率最高的联络工具。比如你是一家小龙虾店的老板，客人来店里吃饭，离店时你加了他们微信。当你持续地在以后的夜晚发关于热腾腾、香喷喷的小龙虾的朋友圈后，会发现很多以前的食客开始通过微信直接下订单，让你送一份餐过去。

如果没有添加个人微信，你可能永远等不到顾客复购的那一天。

顾客可能无法与你的店发生大量接触，却有大量的机会接触别人的店。个人微信号的运营弥补了这一空缺，使得店铺有机会在空余时间出现在顾客的视野里，为留客创造条件，从而产生更多的复购和老带新，这就是门店在会员制营销的前提下，通过个人微信能够做到的事。

对于门店会员制下如何做个人微信号的运营，可分为以下4个环节，即角色定位、形象设计、好友管理、朋友圈运营，接下来我们将逐一解析。

8.1 角色定位

> "哥谭市需要我是什么人我就是什么人。"
> ——诺兰《蝙蝠侠：黑暗骑士》

角色定位，俗称人设，你以何种身份和形象出现在受众面前，决定了他们将以什么样的眼光和印象对待你的内容。

对于门店，个人微信号的角色可定位为三类：官方客服、行业专家、人格化店主。

(1) 官方客服

官方客服的职能是输出店铺动态、吸引顾客关注、为顾客提供帮助。其打造的客户印象是：这家店的运营看上去很规范，他们的客服在微信上发的内容不仅不是扰民的广告，还能够帮助我及时获取有价值的产品信息，并且对我的咨询总是及时回复。

这种定位适合规范化运营，有明确的内容输出标准和人员分工，比较容易标准化，一般连锁企业都会重点打造此类微信运营团队。

这样的个人微信号在运营时要需要注意三个问题：

- 注意刷圈的频率和内容，避免简单粗暴的刷屏式广告；
- 注意语言风格不要太"官方"，要学会讲"人话"；
- 当有顾客私聊咨询时，务必第一时间进行回复。

(2) 行业专家

行业专家的职能是分享专业知识、塑造产品价值、提供专业解答。打造的客户印象是：这家店有一位专家，他的观点和分享能够给我更多的启发和指导，让我更了解自己的需求，有更准确的消费辨别能力。他看上去对自己经营的领域研究颇深，我相信有这样的专家在，他们店内的产品一定不会差到哪里去。

此类定位对店铺的要求相对较高，但对实体店来说，是必不可少的。可以说，时代正在呼唤"新匠人"，市场也在期盼"新国货"，这种发展趋势就要求以后的实体店是真正趋近于"小而美"的店铺，店主在其经营领域内应该足够专业，靠原始的倒买倒卖获取因为信息不对称而产生商业价值的时代已经渐行渐远。

从现在开始，你必须要证明且不断地输出自己的专业素养，才能说服顾客购买。

(3) 人格化店主

人格化店主的职能是通过展示个人的生活和工作场景，塑造一种明确的价值观。

打造的客户印象是：这家店的店主是一个对生活有追求的人，他不像一个只会卖货、追求利益的生意人。他的生活和工作状态传递出很强的正能量，并且能够感觉到他对自己经营的产品有明确的理念和要求，很羡慕这种开店的人，他的生活真是丰富多彩！

马云曾说，如果有下辈子，自己想当一回女人，因为男人会本能地想把企业做大，而女人则本能地会把企业做好，他想做一家美好的企业。时代的发展不断让人们的生活方式发生变化，经济的进步也让消费者的消费要求越来越高，"小而美"的店铺越来越受欢迎，这从网红打卡圣地的流行中可见端倪，有情怀的店，更容易说服成交。

开店的人特别容易得到成就感，而能让你感到幸福和值得的，通常来自顾客的认可，微信就是一个可以让你听到更多反馈的地方。

8.2 形象设计

> "一个面具套不下所有人的脸。"
>
> ——(苏联)高尔基

对于形象设计，涉及头像图标、昵称、朋友圈封面、个性签名等对外展示的内容。微信账号对外展示的内容应该与角色定位相匹配，需要对其统一设计，确保在客户眼中的统一品牌形象。

微信头像

作为店铺的营销账号，微信头像通常会使用特定的图片，比如：店铺logo图标，适合用作官方客服；个人的形象写真，适合用于塑造专家的IP形象和人格化展示；产品特写图，适合在某阶段主推某个单品，或者该产品具有典型的代表性。

不同的图片对应不同的视觉印象，当我们要求工作人员将自己的个人微信也用于店铺工作时，注意避免使用过于随意的图片作为头像。另外，如果店铺已注册自己的微信公众号，公众号的图标通常会使用logo，这时要注意个人微信头像与公众号图标要略有差异，即便都使用logo图标，也可以通过颜色、文字等方式进行区分，否则容易让顾客在搜索时点错。

微信昵称

店铺微信号的昵称比较简单，一般体现品牌名或店名，在命名时注意增加识别性强文字，让客户看到昵称就知道这个账号是谁、能干什么。例如"店名+职位+称呼"的格式，文字过长时则可省略职位部分。

朋友圈封面

在个人朋友圈页面的最上面，有一个封面，需要先点开该用户头像，再点朋友圈后才能看到(相当于有人专门去看你的朋友圈)。虽然这个封面的入口比较深(自己看到的频率比好友看到的频率高得多)，但是不要浪费这样的展示位。

另外一处通常被忽略的封面是微信运动封面，若用户当天的微信步数在其他好友中排名第一时，可以展示自己的封面。这也意味着我们可以在微信步数上用点心思(例如自己多走动，或者搞一个自动刷步数的手机支架)，去霸占更多好友的第一名位置。

这两处封面都是不容浪费的广告位，为了提高广告图片的转化率，我们需要精心设计。

- 策划原则：活动>产品>品牌。
- 设计原则：一个口号，三个卖点，图标化，引导行动。

高转化的广告图设计要遵循上述两个原则，画面的视觉主题应该是产品，第一优先级的信息内容应该体现的是针对这一产品的具体活动，最好能够具体到价格层面。次之的信息是该产品的卖点简述，但最多不要超过三个卖点，对于卖点的描述，应采用"图标+文字"的方式，如果能以数字进行量化更好。

> **案例**
>
> 例如幸福西饼的一则电梯框架广告，如图8-1所示。
>
> 其核心元素是一个大蛋糕，产品名为榴芒双拼，意思是榴莲和芒果两种水果。广告的活动内容极为醒目，用斜线划掉了"原价298元"的字样，旁边是活动重点，即"立减70元"，下面附有下单的二维码，这是一级内容。
>
> 二级内容是卖点，嫩滑鲜芒、泰国金枕榴莲、3小时免费新鲜送

达,其运用了"图标+文字"的方式,简洁明了。

三级内容是品牌宣传语,即新鲜准时,就是幸福西饼。

图8-1 幸福西饼广告

这种画面信息的销售导向性很强,当有用户看到广告画面时,先看到的是具体产品以及对应的优惠活动,如果感兴趣,则可以通过扫描海报中的二维码下单。

掌握好画面的策划设计原则后,就应该在制作上注意一些细节,如图8-2所示,在上传正方形图片时,画面的顶部和底部会被隐藏,这就需要设计师尽量把核心内容放在画面的中间位置,上下各留白12.3%。

图 8-2 画面细节

注意,不用在朋友圈封面留二维码,因为在用户访问该界面时,是没有办法长按图片识别二维码的,倒不如把引导下单的元素换成文字或者箭头,指向微信头像,注明"点我头像,微信下单"。

个性签名

对于微信的个性签名,其展示位置相对隐蔽,一处是在别人专门访问你的朋友圈页面时,在头像下面显示;另一处为"附近的人"。

如此隐秘,让个性签名的重要性变弱。但是,有总比无好,10个字左右,简要说明你能解决什么问题即可。

8.3 好友管理

> "夫鸟同翼者而聚居，兽同足者而俱行。"
>
> ——西汉·刘向《战国策》

当你的微信好友超过150人时，关系就会变得复杂且混乱了，如果不进行系统科学的分类管理，很快就不知道朋友圈里面谁是谁了，尤其是很多人喜欢经常换头像和昵称，也许前一天你还跟他聊得火热，一转眼压根不知道对方姓甚名谁。

门店运营者的个人微信好友大都有几千人，其中哪些是客户，哪些是亲朋，哪些又是没见过面的陌生人，都要有明确的识别方法。我们要使用微信号去辅助经营会员制，尤其要针对店铺客户进行管理上，就要做好系统化分类。

好友备注

对于好友管理，一定要重视标签分组与备注的使用。

备注名一般包含姓名，或者称谓。你的微信会因为各种活动或渠道陆续添加更多好友，这时一般会在姓名称谓后面，再加一个来源的备注信息，例如"吴亦凡_618活动"，或者"李佳琦_店铺会员"。除了客户来源的备注信息之外，你还可以根据自己经营的要求，去备注一些使用频率比较高的个性化信息，例如餐饮备注客户微辣、超辣等。

还有一个备注信息特别关键，那就是客户分类。企业通常会将自己的客户分为ABCD 4类：A类是高意向、高销售的客户；B类是高意向、低销售的客户；C类是低意向、高销售的客户；D类是低意向、低销售的客户。在客户的备注名称最前面，加上代表客户分类的字母，更容易识别客户状态，方便作出有针对性的互动和内容呈现。

例如，我们要将A类客户列为第一优先级进行互动和跟进，互动、点赞、评论的频率要更高，花在他们身上的精力应该最多；将B类客列为第二优先级进行跟进，要以展示更多消费选择、产品活动以及优惠福利为主，在他们已有的高意向上，刺激更多的购买决策；对于C类客户，则不要心急，尤其要注意，向他们展示的朋友圈内容，不宜出现太多直白的销售广告内容，因为他们虽然在你这里贡献了较高的销售额，但意向并没那么高，你需要向他们展示的内容要多偏重于展示店铺的特点、用心程度、专业能力等；对于D类客户，常规跟进即可，不用刻意花费太多的精力。因此，在备注时，一般只标注ABC三类即可。

好友分组

每一个微信好友都可以多选设置标签分组，我们需要两套标签分组的维度。

第一套是与上面ABC客户类别对应的分组，将备注为A的客户的标签设置为"A类客户"，将备注为B的客户的标签设置为"B类客户"，以此类推。这么做的好处是我们可以设置朋友圈对谁可见，把合适的内容分别展示给不同类型的客户。

第二套标签的划分方式可与店铺的产品类型相对应，把店铺主营产品和消费项目划分为几大类，然后对应客户的消费情况，客户总会有消费偏好，我们需要通过消费数据和工作人员现场接待时的个人判断，界定该客户属于哪种消费类型，然后补充到个人微信的标签中。这也是为了日后可以基于不同的推送内容，快速筛选出更有针对性的客户。

以上是好友管理的基础工作，针对每一个好友认真做好备注和分组，是微信运营效果好坏的关键，门店经营者在使用个人微信时务必重点关注上述内容。

在分组管理基础上，我们还经常用到微信聊天功能，与个别客户进行一对一的私聊。

除了常规回访计划，我们还可以基于消费活跃度，配合定向优惠券的福利派发做一对一的私聊，例如筛选出超过7天未再次消费的客户，由会员系统定向赠送8折券，然后在微信上简单寒暄，告知客户因为某个特殊原因，您收到了店铺的特别关怀，专门赠送的8折券已经到账，并提醒使用。

加好友规则

加好友的方式一般有4种。

第一种是在店内张贴二维码名片，顾客扫码添加，这种加好友的方式是运用最多的方式，也最安全妥当。但要注意，扫码加好友的方式有人数上限，每天200个。如果店内客流量大，若超过上限，会造成顾客扫码无法成功添加，这时需要配合其他方式。

第二种是工作人员操作手机，扫客户的微信二维码。通过扫客户微信二维码的方式加微信也有人数上限，每天30个，这种方式主要为了配合被动扫码异常的情况。

最后两种分别是搜索微信号、通过手机通讯录添加，这两种加好友的方式适合非现场的操作，比如顾客日常在店内消费，店员主要引导顾客现场扫码，注册会员卡，在一天结束营业后，可以针对系统内当天新增的会员，通过这两种方式统一添加会员的微信。

后两种方式是微信重点监测并打击的行为，采用此方式大批量加人，容易被判定为违规，轻者提醒，重则封号。使用搜索微信号的方式添加，每次建议不超过6个，添加6个之后要间隔1~2分钟，然后再来一波，每天最多5次，也就是30个；使用手机通讯录的方式是先把客户的手机号录入，再通过微信添加好友同步手机通讯录，这种方式每次不要超过8个，也要间隔1~2分钟，每天最多6次，也就是48个。如果是新注册的微信号，不要频繁批量添加好友。

店铺做个人微信号运营，切忌模仿微商，盲目添加陌生人，一是容易违规封号，二是对于会员制经营，粗放地加陌生人，对销售转化无益。微信属于社交平台，更适合强社交关系的交流，言外之意就是你应当与大多数好友存在一种链接，而这种关系需要通过日积月累的社交行为进行加强，千万不要把微信当成免费发广告的地方，因为我们每个人都会屏蔽或拉黑这种粗暴的卖货党。

8.4 朋友圈运营

> "吾无过人者,但平生所为,未尝有不可对人言者耳。"
> ——元·脱脱《宋史·司马光传》

个人微信号的运营工作,重头戏在朋友圈运营。

做朋友圈运营,同样有几个必要的环节需进行前期策划和筹备,包括:发圈频次、内容规划、素材制作、常态互动、朋友圈考核等。

(1) 发圈频次

根据微信数据年报显示,微信朋友圈活跃度较高的几个时间节点可以分为4个:7:00、11:00—11:30、17:00—17:30、21:30,其中晚上的活跃度最高。我们可以选择在这几个时间节点上发朋友圈,以1天发10条为例,7点左右可以发1条,11点左右可以发3条,17点左右发2条,21点以后发4条,具体的频次规划还要根据自己的行业属性和客户的关注点进行适当调整。

(2) 内容规划

适合门店微信朋友圈的内容可以划分为以下6类。

① 产品类

这类是朋友圈里面出现最多的内容,9张图排的整整齐齐,加上一段文字介绍,如果图片拍的漂亮,可读性会非常强。

针对产品类的发圈内容,图片以产品展示为主,文字信息以产品的促销活动为主,尽量在10个字以内,然后配合不超过3条卖点介绍,这种方式比较适合做单品推荐。

除了单纯地展示产品,还可以将产品置于使用场景中,就像宜家家居把各种家具、生活用品布置到一间样板房一样，把产品出现在客户生活中的画面展示出来。服装的图片展示最为典型，在电商平台展示的服装图片中，模特会穿上精心搭配的服装，出现在大街、办公楼等特定的环境，同时在旁边搭配相应的道具和素材，以还原这件衣服的真实场景。

展示产品的使用场景，有利于帮助客户产生直观的视觉联想，让他们快速地感受到自己是否也存在于同样的场景。

其他关于产品的内容是买家秀和卖家秀。关于买家秀，可以关联营销活动，通过"晒图好评返现"等策略，获取客户消费后的参与度以及更多的买家秀素材。卖家秀是展示生产、采购等环节，当然前提是能够拍出漂亮的图片，千万不能为了展示而暴露不太美观的细节。

对于产品类内容的发布，除了保证图片精美，还要注意文字的表述方式，可以参考以下句式："1个卖点+对卖点的诠释+呼吁行动"。例如：

- 外焦里嫩的烤鸭出炉啦！(卖点：外焦里嫩)
- 老师傅特意改良了皮水的调制和火候的变化，卖相看起来要比以前好得多！(对卖点的诠释)
- 要不要订2只试试？(呼吁行动)

② 环境类

展示环境是让线上客户加深对店铺印象的手段，包括展示门头、店内环境以及店内客户比较多的现场照片。店主可以在装修时有意识地设计一些高辨识度的元素，这些元素会在朋友圈中增加用户的印象。

展示环境并非单纯地展示装修，最好是把店铺环境与你想让顾客留下什么样的印象紧密结合，用镜头画面传递这些信息，比如你想让店铺在顾客的印象中是干净卫生的，那么你展示的环境信息则要始终去强调这些，如：收纳整齐的橱窗/货架，消毒清洁的特写，垃圾桶的洁净程度等。

③ 人物类

对于表现人物类的内容，主要是卖家和买家两类人物：展示卖家的专业、用心；展示买家的投入、认可。

这种内容的核心素材是照片和小视频，注意拍摄时抓特写，除此之外，要配合文字描述，主要是叙述一件正在发生的事。

对于叙述人物类内容的句式，有标准的结构可以参考："谁+以前怎样+现在怎样"。例如：

这是我们的烘焙师，以前做面包总感觉口感上有些不够劲道，他这次从烘焙大赛回来，感觉就像变了个人，操作手法与以前有很大不同。

表现人物的行为或者状态的方式有很多，只要是动态的行为，总会有前因和后果。我们需要尽可能多地展示店铺方的服务人员为了作出改变而产生的行为，也要收集顾客因为我们的产品和服务而对生活或者某种状态产生的变化，因为消费行为本身就是为了推动生活发生更多的变化。

④ 晒单类

晒单类的内容比较常见，不用太多解释，对门店来说，可以拿来"晒"的内容包括店内订单(例如小票、系统的单据等)、线上订单(可以是商城订单，也可以是社群或微信的转账截图等)、一定阶段的销售数据，以及到货、出货的现场图片等。

⑤ 活动类

关于活动类内容，首先强调一点，慎用、少用类似"号外号外"等小喇叭式的文案，也不要加太多的表情符号，这种格式一看就是广告，很容易被用户直接过滤。

活动类内容分为两种，一种是店内活动的公告，是对线下活动的通知和报道，包括活动发布的通知、活动进行中的场景、活动即将结束的通知，以及活动结束后的结果。

另一种活动则是专为朋友圈而设的福利，可以是常态的福利，每天都可以有。例如基于产品的特惠活动，类似特惠福利群的秒杀活动，每天拿出1~3款产品，做朋友圈的特价秒杀，吸引关注，刺激复购；或者做抽奖式的互动，如新品上市的预热推广活动，通过点赞、抽取评论中的第几位作为中奖者的方式，吸引更多的人参与互动。

⑥ 热点类

此类内容可结合当下热点的评论或者事件营销海报。平时多看百度和新浪微博的热搜，有助于我们及时掌握当前热点新闻事件，店主可以选择与自己相关的内容进行评论。

如果店主有动手做图和策划的能力，则可以结合热点事件，做一张与自己的产品或服务有关的热点海报(这一点则可以学习杜蕾斯的事件营销)，会很容易引起用户的关注。

(3) 素材制作

对于素材制作，第一步是反向筛选。让大家翻看自己的朋友圈，挑出那些最让人讨厌的朋友圈内容，包括图片、文字、视频，然后总结这些令人讨厌的内容都有哪些特点，务必列下来，作为警示，在自己制作素材时进行规避。

第二步是确定制作图片、视频和文字这些素材的原则和注意事项。

① 图片

从表现形式上来说，可以多追求一下局部特写的图，现在很多相机的微距模式都表现得相当出色，近景特写有利于拍出更漂亮、更诱人的图片。另外，图片上最好加自己的水印，如果对美观度要求高，一定要找人专门设计一下，可在与自己的VI视觉保持统一的前提下，提升图片的档次。

对于图片的拍摄和制作，最关键的是构图，因为我们需要借助图片讲述故事，而非单纯地展示某个产品，即便是我们用来展示产品的图片，也应该通过合理的构图，去表达这些产品的价值诉求。

构图是所有摄影师的武器，对于新手或者随手拍的大众党，当你在拍照时有意识地做构图设计时，会发现自己的照片完全不同。构图的作用是告诉观众，"你应该这样来欣赏我的照片"，是主动引导观者的手段，并且通过构图能够主动地表明主次，从而告诉观者，这张照片中的主角、亮点是这里，一目了然。

关于构图的技巧，我们不在这里详述，建议大家在网上搜索，自行学习，重点不是成为一名专业的摄影师，而是学会如何通过图片讲故事。

② 视频

我们常见的拍摄朋友圈视频的方式是这样的：按住录制按钮，然后从左往右，拍一个全景，有时还要编辑一下视频，配上一段音乐。我们的本意是分享此刻所见，希望通过上面这种方式表达身临其境的感受，然而实情确是，当我们在朋友圈点开这种视频时，首先会被突兀且高亢的背景音乐吓到，这些音乐被微信自动压缩后，音质就像80年代电线杆子上面的大喇叭一样刺耳。

不知道各位是何感受，我留意到很多人在办公室看朋友圈视频，都习惯先长按视频，然后选择静音播放。

这是第一忌——突兀的背景乐。

第二忌则是全景拍摄的手法，如果你到了一处热闹地，可能会发现围观的人会整齐划一的拿着手机从左向右扭动身躯录制这种画面极不稳定、只能看见人多却看不出任何有用信息的全景视频。我们只是用视频证明自己身处现场，并未表达出自己看到了什么内容。

对于店铺朋友圈视频，一定要避免这种"自我表达"，我们要时刻记着，视频是为了给我们的客户展示某些观点，而不是告诉朋友圈的所有人，看吧，我在这里，很热闹。

正确的做法是，先想好这条视频想表达什么，然后把镜头锁定在眼前的画面，尽量保证镜头不要晃动。如果视频画面中出现对话，在后期制作时要加上字幕，因为很多人习惯"静音播放"。

③ 文案

文案不要过长，不要夹杂太多的表情符号，以下是几点技巧。

- 反差：指的是对一个习以为常的认知，表达不一样的声音和观点。
- 提问：这是最好的引起互动的方式，试着以提问作为文字的结尾。
- 自黑：这是赢得点赞的最好方式，适合加捂脸笑和笑哭的表情。

- 故事：难度最大，用50字左右的篇幅讲故事特别难，那么就试着用倒叙的方式描述一下你想表达的事情，即先给出结论，再陈述事实。

(4) 常态互动

常态互动，是指我们需要主动刷朋友圈，去给那些标了ABC类的顾客点赞和评论。

当我们评论顾客的朋友圈时，可以采取两个互动模型，即鼓励模型、赞美模型。

鼓励模型，可采用"认可+鼓励+给你的建议"的方式。

例如顾客在朋友圈发了一个周一不想上班的心情，我们要先点赞，然后给一条评论，为了让评论内容显得不那么恭维，可以借助鼓励模型进行答复：

"同感同感！(表示认可)周一一般会开大单哦！(表示鼓励)中午吃顿好的，安慰一下(给出建议)。"

赞美模型，可采用"感觉+事实+比较"的方式。

以前我们看到朋友圈有人晒旅行，可能会说，"风景真漂亮""好美""漂亮"，然后就没下文了。应用了赞美模型之后，可以这样：

"这照片拍的好特别啊！你的拍摄视角找的真巧妙！这绝对能秒杀整个朋友圈！"

先讲自己的感觉，让对方知道，你的内容对我产生了正向的影响，然后说出事实，来表明我不是说客套话，而是做了仔细观察，最后是对比，说明对方与别人的不同之处。

(5) 朋友圈考核

朋友圈考核不需要对员工每天发的数量、是否按时发而考核，应将注意力放在两个指标：点赞量和评论量。

考核可以每周一次，不用统计每个人的点赞数和评论数，而是让大家各自选择点赞或评论最多的那条朋友圈截图参与考评。这样的考核不占用太多精力，以互动为导向，鼓励大家找到朋友圈互动的感觉和方法。

本章重点

划重点

① 你以何种身份和形象出现在受众面前，决定了他们将以什么样的眼光和印象对待你的内容。

② 从现在开始，你必须要证明且不断地输出自己的专业素养，才能说服顾客信任你的产品值得购买。

③ 开店的人特别容易获得成就感，而能让你感到幸福和值得的，通常来自顾客的认可，微信是一个可以让你听到更多反馈的地方。

④ 微信账号通常作为店铺的某一个角色出现在客户面前，它们应该与角色定位相匹配，统一进行设计，确保在客户眼中的统一品牌形象。

⑤ 个人微信头像与公众号图标要略有差异，即便都使用logo图标，也可以通过颜色、文字等方式进行区分，否则容易让顾客在搜索时点错。

⑥ 另外一处通常被忽略的封面是微信运动封面，用户当天微信步数如果在其他好友中排名第一，可以展示自己的封面。这也意味着我们可以在微信步数上用点心思(例如自己多走动，或者搞一个自动刷步数的手机支架)，去霸占更多好友的第一名位置。

⑦ 当你的微信好友超过150人时，关系就会变得复杂且混乱，如果不进行系统科学的分类管理，很快就不知道朋友圈里面谁是谁了，尤其很多人喜欢经常换头像和昵称。

⑧ 我们需要通过消费数据和工作人员现场接待时的个人判断，去界定该客户属于哪种消费类型，然后补充到个人微信的标签中，这也是为了日后可以基于不同的推送内容，快速筛选出更有针对性的客户。

⑨ 店铺做个人微信号运营，切忌模仿微商，盲目添加陌生人，一是容易违规封号，二是对会员制经营来说，粗放地加陌生人，对销售转化无益。

第9章
微信公众号运营

在营销方面，很多门店都会重视"求新"，在直播当红的今天，微信公众号如同古董一般无人问津，不少人更认为这个功能已死，根本没有效果。事实上，从微信运营大数据来看，公众号的活跃度仍然相当可观，并且微信官方对于公众号推广仍在不断推出新的规则，微信朋友圈广告还可直接导流到公众号和小程序。

所以，目前公众号仍然是获取流量、做会员池运营的主要阵地，它对于门店的作用，甚至要高于社群运营以及个人微信号的运营。

门店运营公众号，不仅要根据其自身情况量力而行，更要以业绩为导向，采取投入产出比更高的运营策略。其具体分为三个板块，即底部菜单、功能应用、内容群发。

9.1 底部菜单

"以近待远，以佚待劳，以饱待饥。"

——春秋·孙武《孙子·军争》

适合门店使用的公众号类型为服务号，对顾客来说，服务号是一个自助在线服务窗口，他们可以在线参与活动、在线下单、在线充值，也可以快速查看离他最近的店铺位置，注册会员卡等，而这些自助服务通常以底部菜单展示。

设计好公众号底部菜单，相当于运营工作已经完成了80%。基于会员营销的理念和策略，门店公众号菜单可分别设计为主推服务、福利入口、会员中心，每个一级菜单又可以最多设计5个二级菜单，完全能够满足会员营销的自助服务需求。

(1) 门店的主推服务

对于主推服务这一项，要根据门店自己的营销需求和业务形态而定，可以长期固定，也可以定期更改。例如很多餐饮企业会在公众号主推在线点餐或外卖，而有些零售店铺则会主推在线商城，服务行业的公众号则可能主推在线预约，甚至对于特色型店铺，还可以设置为主推某一款产品，例如胖师傅小龙虾店，他们的公众号第一个底部菜单就是"吃小龙虾"，点进去是下单流程，可选到店用餐或外卖。

适合作为主推服务、尤其是能够在线完成的服务，常见的有下单、支付、查询、预约4类，若细分为具体的功能项目，则包括在线商城、团购、拼团、秒杀、自助买单、门店导航、在线预约等。

(2) 顾客的福利入口

以会员营销为主的公众号，务必以福利运营为核心，在底部菜单上，也要有专门的福利入口，而福利内容和形式则多多益善，可占满5个二级菜单。

菜单对应的福利类型包括领优惠券、获得积分/积分兑换、抽奖/红包、H5小游戏等，我们最终要把福利的具体内容聚焦到券的形式，原因有二：方便统计与发放，引导到店消费。

(3) 会员的个人中心

第三类底部菜单内容是与会员服务相关的内容，包括会员卡的领取、消费记录的查看、卡内余额的在线充值等，方便顾客实时了解自己会员账户的动态，以及在线业务的状态，如订单情况等(见图9-1)。

图9-1 会员中心

会员中心的细分包括以下几类。

- **会员卡类**：包括新会员注册领取会员卡、线下老会员在线绑定微信会员卡、个人资料编辑修改等基础内容。
- **消费信息类**：包括消费记录、积分记录、储值记录等。
- **会员付费类**：包括在线充值、付费升级会员级别等。
- **订单管理类**：包括各种商城订单、在线活动订单，可以让客户看到如待支付、待发货、待收货、待成团、待自提、已完成、退款中等订单状态。

- **消费凭证类**：包括团购券、中奖券、预约的凭证、到店自提的提货码，以及各种优惠券等。

会员的相关服务功能很多，在会员系统对接微信后，可以进行功能聚合，在一个页面上灵活组合多个功能，这样更有利于门店打造自己的超级APP计划。

当我们设计好公众号的底部菜单后，可结合店铺内引导顾客扫码领卡或领券的方式关注公众号，实现顾客的自助式消费与服务体验。

9.2 功能应用

> "登高而招，答臂非加长也，而见者远；顺风而呼，声非加疾也，而闻者彰。"
>
> ——战国·荀子《荀子·劝学篇》

进行会员服务与营销行为，除了要配合底部菜单，还要借助微信自身的功能以及由微信提供的接口、第三方接入的某些个性化功能。门店常用的功能主要涉及三项：模板消息、小程序、在线客服。

(1) 模板消息

会员线下消费，微信自动推送消息，显示本次的消费金额明细，告知客户本次消费的情况以及是否获得积分，是否获得额外的抽奖机会，是否获得专属优惠券等，这些常见的消息通知就是借助微信公众号的模板消息来实现的。

一方面，我们需要借助模板消息与会员进行即时的消费反馈，让顾客更放心地进行消费；另一方面，可通过模板消息主动送达营销活动的通知(见图9-2)，这也是我们重点关注的一项功能。

图9-2 通过模板消息主动送达营销活动的通知

借助会员系统和微信公众号的对接,门店常用的模板消息类型有以下几种:

- 涉及日常消费的交易类模板有:会员登记通知、消费收银通知、计次消费通知、积分兑换通知、会员充值通知、子卡消费通知、购买礼包通知等;
- 涉及的非交易类模板包括:积分、储值余额的变动通知、推荐奖励通知、商城订单通知、优惠券发送/使用/到期提醒的通知、会员升级通知等。

瑞幸咖啡曾使用模板消息功能进行推送活动的通知,告知客户双十一充值活动的有关内容,当天就带来5万单的转化。所以,除了自动触发模板消息通知,我们也要借助优惠券发送的方式,去传达营销活动的有关信息。

(2) 小程序

小程序是给用户提供轻量化产品体验的方式,是即扫即用的消费场景,它的功能越少越好,切勿将小程序当作一个功能繁多却不需要下载的APP。一家商户可以拥有多个小程序,每个小程序只解决一个的问题。

例如德克士有三个小程序,一个是会员中心,方便顾客绑卡注册;一个是德克士外卖,只接收外卖订单;一个是德克士自助点餐,只接受线下门店的点餐(见图9-3)。

图9-3 德克士的三个小程序

为什么要分成几个小程序分别使用呢?答案很简单,用户在一个时刻,只会有一个核心需求。当某位用户只想点一份外卖,且一手拎着购物袋,一手拿着手机进入小程序时,若映入眼帘的是琳琅满目的商品和丰富多彩的功能,则他需要费力在复杂的使用环境中寻找自己想要的功能,这样的功能体验非常容易造成客户流失。

小程序有自己的入口,可以单独作为场景解决工具进行展示推广,并且通过小程序与公众号做关联,用户线下扫码使用小程序时,可以在小程序页面快捷关注公众号,实现小程序一码两用。反之,公众号的底部菜单也可以嵌入小程序,便于为会员提供其他个性化的功能服务。

最后,一定要注意,小程序不是核心流量池,它只是获取流量的入口,公众号才能作为流量池来运营。

(3) 在线客服

微信公众号自带简单的客服功能,但从商户实际使用的反馈来看,其并不好用,因为门店的工作人员大多无法盯着电脑处理消息。另外,当我们做客户回访时,需要主动与微信用户发起对话,使用微信自带的客服功能几乎无法实现这一功能,以至于多数门店都将个人微信号作为联络工具。但是,个人微信号也有局限性,无法做到多人交接。所以,如果你的门店经营需要很多人员与顾客进行对话交流时,可以将第三方的客服功能接入公众号(见图9-4)。

图9-4 公众号客服功能

注:本图由梦自达科技提供。

① 即时互动

有人关注公众号，若他们没有留言咨询，我们就无法知道这个客户到底是不是有意向、有没有什么疑问需要解答，这时我们需要与新关注进来的用户展开主动对话，不轻易错过任何一个可能的意向客户。

② 主动联系

公众号即便产生了用户和管理员的对话，但48小时后，如果用户不再主动发消息，我们则无法主动联系他们。为了避免因这些关键节点的限制与即将成交的客户擦身而过，我们需要可以长期跟进、定期回访的客服功能。

③ 渠道来源

如果我们无法了解客户来自哪些渠道，就很难判断推广渠道的有效性，在这种情况下，我们需要可以追踪到客户来源的客服功能，方便商户找准有效的推广渠道和营销方式。

④ 千人千面

针对不同的客户类型，展示给他们不一样的底部菜单，会不会让服务更加精准？例如教育培训机构，小学生和中学生看到的菜单就可以完全不同，这需要客服系统来实现。

⑤ 群发限制

关于公众号的群发限制，服务号1个月4次，如果遇到活动档口，当我们需要多次推送时，就无计可施了。在这种情况下，可以借助客服系统和模板消息的配合，实现更多次的主动群发。

⑥ 聊天记录

微信公众号只保留5天的对话记录，若换人跟进，则无法了解之前的情况。所以，门店需要永久保留对话记录这一客服功能，方便换人跟进和提供服务。

⑦ 用户追踪

借助客服功能，我们可以看到此刻正在访问公众号的用户正在浏览什么内容，可以更主动地为他们提供服务。

⑧ 随时在线

客服要手机在线，随时接待客户，并且可以分派座席，避免一下班就无人接待的情况。

这些客服功能都是需要基于微信环节额外接入的，与个人微信号不同的是，专业客服功能在客户关系管理方面更加科学，无须担心员工个人微信带走客户的情况。

9.3 内容群发

> "满纸荒唐言,一把辛酸泪,都云作者痴,谁解其中味。"
> ——清·曹雪芹《红楼梦》

提到群发文章,就会让人头疼。每天在店内忙着,哪有时间和精力去编辑文字、图片,即便有空整理,也会发愁不知道该发什么题材的内容。

如果你觉得一项工作必须得做,但它超出了自己的能力所及范围,就对这项工作进行简化。公众号的内容群发,就可以简化,甚至精简为只发一种素材。比如很久以前羊肉串,这是一家全国连锁的烧烤店,他们的公众号每次群发,就只发一张图,这种做法同样奏效。

我们需要从两个方面入手,对公众号内容群发工作进行简化,减轻运营压力。

(1) 福利体系

把群发的内容聚焦为福利,结合会员制的福利体系设计,利用营销软件的功能和优惠券、卡券的形式,给用户群发各种福利。这样一来,你的公众号内容编辑压力就会变轻,并且每次的群发都是一次刺激客户下单成交的机会。

如果把内容锁定为福利,我们就可以只用一张图,或者一段文字、一条链接的方式进行群发,比如开业活动、节假日活动、新品上市的活动、会员日活动,编辑这些内容对店铺来说,压力就会小很多,起码不用苦思冥想,或者从网上找一篇不相干的文章苦苦修改。对于内容群发工作,应让门店做自己擅长的事。

(2) 创意体系

① 语言风格

我们曾不止一次地强调,要做一个有人情味的网络窗口,尽量避免官话套话，可以卖萌，可以冷酷，可以二次元，要结合自己的目标客户群特征，选择合适的风格，让客户在看内容时，感觉是与一个活生生的人在对话，而不是由生硬的文字堆砌的文章。

② 表现形式

尽量做到字少、图多，排版不追求花哨，以简洁明了为主。这同样是为了让门店的公众号运营人员尽量减少自己本不擅长的文本编辑工作。

对于公众号的运营，重在围绕会员制搭建一个服务和营销的平台，可让微信充当门店的超级APP，使用必要的功能去维护客户、促进转化。其运营逻辑是用服务留住客户，用福利培养习惯，用活动促进转化。

群发只是微信公众号最不重要的一环，如果你希望在内容推送方面有所建树，最好精简工作量，做到独树一帜。

本章重点

划重点

① 对门店来说，公众号运营应做好三个工作：底部菜单设计，自助功能应用，福利内容推送。

② 门店公众号的三个底部菜单，对应设置的内容分别是：门店主打的服务，顾客的福利入口，会员的个人中心。

③ 在公众号的众多功能中，需要重点使用的有模板消息、小程序与公众号的关联、能够主动对话的在线客服。

④ 实体店在做日常公众号内容推送时，可以根据各自编辑能力而定，如果不具备较强的编辑能力，一定要简化工作量，不给自己找麻烦。针对这种情况，我们可以只推送与福利相关的内容，哪怕只是一张图、一段短文案。

⑤ 若要公众号的内容看上去有创意，就要先学会说"人话"，避免呆板的官话。

⑥ 对于公众号的运营，重在围绕会员制搭建一个服务和营销的平台，让微信作为超级APP，使用必要的功能，去维护客户、促进转化。

⑦ 公众号的运营逻辑是：用服务留住客户，用福利培养习惯，用活动促进转化。

第3部分
直播带货

第 **10** 章

如何抓住直播带货的新风口

淘宝直播的两大播主薇娅和李佳琦，将电商类直播带货推上了高潮，两位网络主播的影响力甚至超过一线当红娱乐明星，"OMG！买它买它"成了年度最热流行语，各大喜剧节目中频频引用。

李佳琦和薇娅作为直播带货的领军人物，打开了零售的全新模式，而在同一时期，全球都在面临新冠疫情的考验，线下实体行业突遭停摆。

线上如火如荼，线下寒冬突至，看似一冰一火的两个极端，实则酝酿着新的契机。

10.1
直播对线下实体店的两大意义

"但这不过是一个大意,此外的事,倘非身临其境,实在有些说不清。"

——鲁迅《华盖集续篇记·"发薪"》

(1) 场景化营销

对于产品的场景化设计,我们希望顾客进店后能够全方位、多角度、近距离、无死角地看到一款产品,并且能够立即联想到自己的使用场景,从而快速产生购买决策。宜家家居作为场景化营销的经典案例,被无数次引用,他们费尽心思把家居用品精心布置到样板房中,让每一个顾客都身临其境地感受产品带来的氛围(而不仅仅是产品本身),如图10-1所示。

图 10-1　宜家家居的场景化营销

所以,场景化营销是整个消费领域的发展趋势和必然,谁能尽早做好场景化,谁就能更早地赢得更多的顾客。

然而,有些情况会导致顾客无法进店。比如,2020年的新冠肺炎病毒疫情阻断了顾客和门店之间的沉浸式体验和交流机会,以前具备天然场景优势的实体门店,几乎全面停摆,此时再去审视直播带货,你就会发现通过直播的可视化、互动性、即时性等特点,使其成了一种非常直观的场景化营销新选择。

想想李佳琦在直播中为什么不停地往自己嘴唇上涂抹各种口红,而不是简单地拿相机把整齐摆放、能看得见颜色的口红拍摄出来?因为顾客需要看到每一款口红上妆后的效果,而不是靠想象,或者靠已经被商家修到失真的精美图片来判断自己到底要买哪支(见图10-2)。

图 10-2　李佳琦直播

网络直播,尤其是在社交平台上呈现可视化场景,是实体店此时此刻以及不远的未来最急需的营销途径。

(2) 打破时空限制

直播对于实体店的第二个重要意义就是,基于移动互联网的天然属性,它可以帮助店铺打破时空限制。

直播带货能够给顾客带来引领式、体验式的即时决策型消费,特别适合被门店用来挖掘顾客的潜在消费和延伸消费。

人们的消费趋势一定是时间碎片化的、空间多元化的。人们可以随时随地产生消费需求,并完成支付。瑞幸咖啡从创立品牌之初就定位成无限场景咖啡，在疫情爆发前已经对外公布无人咖啡机的项目，疫情期间，率先完成了全球第一台无人咖啡机的落地运营，而投放的场所，是武汉的一家医院(见图10-3)。

图 10-3 瑞幸咖啡无人咖啡机

无限场景代表了未来消费大趋势，它有两个重要属性：一是无时空限制，不局限在某家店铺；二是你要出现在用户产生消费的任何时间和地点，同时让你的产品和服务以场景化的形式出现在顾客面前。

10.2 实体店做直播需要遵循的两大原则

> "急人之所急,需人之所需,这才是真正做生意。"
> ——雪村《商人计》

大家不是专业人士,没有网络直播的经验,如果必须要让自己的店铺搞直播,肯定会参考其他主播的风格和方式,学他们的说话口吻等。这恰恰是个误区,因为你虽然准备做直播,但你终究还是一家门店,而他们是纯粹的网络主播,属性是完全不同的,切勿盲目模仿学习,失去自己的特色。

门店做直播,要遵循以下两个原则。

(1) 沉浸式呈现

如果你不知道自己该以什么方式、什么风格播什么内容,就不要从自身操作这个角度去考虑问题,可以换个角度,想想你的顾客能否通过直播画面和内容,实现沉浸式体验。

顾客在观察、了解某个产品时,会想些什么、有什么顾虑、希望了解什么信息、希望获得什么承诺等。

实体店做直播,第一要务就是让你的目标顾客透过手机屏幕完成沉浸式体验。

(2) 信任可视化

信任问题仍然是所有消费行业面对的首要问题,以前大家不信任网络,后来不信任网上的小店铺,不信任没有品牌的产品,不信任没有门店的产品,当用户第一次接触某个产品,面对支付决策时,最大的门槛是信任。

现金支付转变为数字移动支付之后，从生物学来讲，大脑皮层的工作区域发生了变化，数字移动支付调动的是被称为蜥蜴脑的部分，相比于现金支付，人们已经不那么敏感和警惕了，这对商家来说是好事，但并不能说明当你面对陌生顾客时，信任问题可以被忽略。

有店铺在，能从一定程度上增加了消费者的信任感，实体店在进行直播时，需要展示更多真实的东西，看到其他顾客的消费案例，以及其他你能为顾客承诺的保障措施。

10.3
实体店做直播最应该播的三类内容

> "设身处地为别人着想,并满足别人内心强烈渴望的需求!"
> ——(美)戴尔·卡耐基

对于门店,直播的目的只有一个:产品销售。这但并不意味着我们照抄李佳琦的带货模式就一定行得通。网络主播那么多,能被你叫出名字的,也就李佳琦和薇娅,这说明大多数直播很难赢得大量粉丝,可能会存在不温不火或者"自嗨"的尴尬局面。

到底播什么内容,更适合实体店呢?

(1) 应用场景

展示产品时,应更多地考虑如何展示产品的应用场景。比如你是一家卤肉店,对于美食类直播,展示诱人的食物的确美妙,若能对直播画面和内容做进一步的优化升级,把你的美食布置到人们消费他的场景中,更可加分不少,比如你的桌子、盘子,以及桌面上的其他搭配。可以多看看深夜食堂、日食记以及其他美食类纪录片,不要求你能拍摄出那样的水准,但画面至少看上去比较诱人。

除了环境布置,你还可以展示使用场景,比如你的产品是卤猪蹄,那么你就可以在直播中为大家展示各种吃法,就像某黄豆酱品牌在吐槽大会中的广告语那样:蒸着吃,闷着吃,蘸着吃,炒着吃,怎么吃都好吃。

比如服装,如果你想展示一款毛衣,最好让模特穿一身精心搭配好的套装,来衬托这款毛衣在实际穿着场景中的亮点。

(2) 揭秘内幕(以前顾客看不到的/不了解的)

可以考虑让顾客看点他们以前不了解或者没机会看到的东西，我们称为揭秘内幕。大家想一下，如果海底捞的直播不总是播食材、播吃的过程，而是突转画风，直播后厨的秘密，是否能获得更多的关注？

揭秘内幕，是一种大众窥探欲的心理诉求，也是为什么这几年综艺节目流行真人秀的原因，以前的综艺节目，一定要尽力掩盖节目画面之外的东西，现在则是把后台、花絮全部当正餐，大家喜欢看平时看不到的东西。

(3) 爆品秒杀

爆品秒杀类的直播短平快，先阐述并展示产品卖点，烘托紧张氛围，然后直接爆出秒杀的价格，配合购买链接，形成交易闭环。

但大家一定要注意，爆品秒杀相当于引流，在交付过程中，一定是把注意力放在后续的锁客、升单和裂变上。

当直播带货成为又一个商业风口的契机时，恰受疫情影响，逼着线下实体尽快完成转型改造。如果你决心将自己的线下实体业态彻底改造升级，希望启动并完善社群运营、直播带货等线上经营方式，不要犹豫，立刻动手吧！

本章重点

划重点

① 直播带货对门店的两大意义是：帮助门店进行场景化营销，帮助门店打破时空限制。

② 实体店做直播需要遵循两个核心原则：如何让顾客通过沉浸式的体验了解你推荐的产品或服务，如何把提升顾客信任的因素展示出来。

③ 在直播中展示自己的产品时，要展示产品在消费过程中的具体场景画面，而不仅仅呈现产品的外观，这也是为什么卖小龙虾的不会在直播时单纯呈现小龙虾的画面，而是播放主播吃小龙虾的画面。

④ 如果你为老顾客揭秘内幕，可能会受到意想不到的关注。

⑤ 直播带货，少不了爆品秒杀，但对实体店来说，秒杀的产品一定要兼顾锁客、升单和裂变的因素。

第11章

实体店做直播,如何发挥会员制、门店、社群的多维带货能力

11.1
实体店搞直播，交易持续时间比单纯直播带货更长

"谁若是有一刹那的胆怯，也许就放走了幸运在这一刹那间对他伸出的香饵。"

——（法）大仲马

一场网络直播时间再长，也总有结束的那一刻。主播需要休息，不可能24小时不间断在线，即便是保持长时间在线，也没有办法保证持续输出有价值、有成交导向、有号召力的内容，因为内容本身就是一种能量，包括字面意思，以及发出声音的本人的自身魅力，这种能量和手机电池一样，需要充电，消耗，再充电。所以，网络主播做纯线上的带货，拼的是体力。

而实体店做直播，单从交易的持续时间来说，直播只是若干个交易环节的一个组成单元，就像外卖、在线商城一样。正是因为实体店具备丰富多元的交易终端，直播就不是唯一的卖货通道，我们就有喘息之机，不用非要追求直播过程中的成交，而是可以通过直播引导受众持续体验其他服务终端，有机会拉长消费周期，增加消费额。

11.2
门店、社群、直播全场景营销，多触点撬动老顾客持续贡献

"计就月中擒玉兔，谋成日里捉金乌。"

——宋元南戏作品《小孙屠》

只有通过无限消费场景，才能够发现并培养更多铁杆粉丝会员。这些从各个维度聚焦到一起的会员群体，是一家店、一个品牌最宝贵的财富，是持续稳定贡献业绩的源泉，更是你寻求业绩突破的唯一有效引爆点。

在当下，实体店的经营还称不上无限场景，但随着工具、策略的补充，"门店+社群+直播"，加上会员体系的串联，从一定程度上可算作提升店铺的多场景竞争维度，可以通过更多的触点撬动老顾客作出持续贡献，当然，也会让新顾客有更多的机会成为老顾客。

（1）门店：顾客沉浸式体验的终端

我们可以在门店重点关注以下几件事。

① 闻气味、听声音、看面相

门店是一个真实的物理空间，包含人员、商品、店铺氛围，这些元素构成了每一家店的不同之处。

不管是什么样的门店，都有它独特的气场，顾客进店能够看到工作人员和其他顾客，感受他们的言谈举止、着装、气质等；顾客也可以听到一些声音，闻到一些气味，这些感官的印象可以帮助顾客有意识地进行判断：我能不能成为这家店的买家。

若实现了第一层的认可，则这类顾客就是会员身份的精准人群。在

店内，顾客通过看、听、嗅来判断门店，而我们需要做的是留意观察顾客对我们的评价，识别哪些顾客感觉还不错，然后把他们引到会员体系中。

② 适合快速作出消费决策的场所

线下门店作为顾客沉浸式体验的消费终端，特别适合快速成交，一般来说，顾客在离店前，基本上很快就能决定是否购买。也就是说，如果我们能够让更多的人进入门店这个消费终端，就能加快成交节奏；如果能够把停留在社群、直播中的顾客引到店里，就可以加速那些仍在犹豫或者在观望的顾客尽快作出决定。

所以想一下，有哪些社群互动的策略可以引导进店？直播中有哪些策略可以让用户像进店一样产生同等的消费氛围？

③ 诱惑至上，无论是产品还是价格

在实体店，消费决策快，停留的时间相对有限。总体来说，人们进店的第一目的是消费，而不是闲聊。所以，门店的策略就是直奔主题，将诱惑遍及顾客的视野，从而说服购买。

比如一家面包房，陈列柜摆放的如果不是各种引逗馋虫的面包和蛋糕，而是一摞摞证书、一张张奖状，里面密密麻麻地写着什么面粉无添加的证明资料、食用油的成分表等说明类的内容，就会单纯地把顾客的消费决策理解为理性行为，认为顾客必须确认这家店的所有参数细节都符合标准，才能安心消费。当然，99%的面包房老板都不会本末倒置，不把诱惑放在首位，而是把理性的决策依据放在首位。

实体店，就是感官的体验场所，务必让他们获取关于产品、服务的种种诱惑，关于价格、福利的种种诱惑，其他任何理性的佐证都要弱化，或者处理成感性的辅助元素。

事实上，门店这种消费场景也有局限性，具体如下。

① 你还没了解我

快速决策背后就是更少的了解，大多数消费者靠产品本身建立印象，但对于店铺背后的努力、宣扬的理念、态度和意愿，则没有机会深入了解。

② 你以为结束了

人们的消费习惯就是，钱货两清，离开店铺相当于消费结束了，顾客对店铺的期望基本上达到尾声。

对于会员制门店，本次消费的完结并不是会员服务的终结，后续藏有更多可能性，而这些可能性则需要门店借助其他平台、渠道、工具和策略来撬动。

③ 你没想好下次买什么

俗话说，吃了这顿不想下顿。本次消费完成，消费者通常在短期内不会产生明确的复购意向，除非再次产生该需求，才会再次进店消费。门店以前只能在送走客人的时候招呼一句"客官下次再来"，但下次是什么时候，再来时消费什么内容，谁都不能确定。

这时候，我们同样需要借助更多的手段，为已经产生过消费的顾客设计好后续的消费计划，不管是什么店，你都可以为顾客设定一个成功的标准，而你所提供的后续消费方案能够让顾客认为他能接近这一成功标准，他们还有什么理由不继续消费呢？

(2) 社群：顾客获得额外福利的终端

实体店的社群，可以在一定程度上弥补门店的短板。

我们可以在社群运营中关注以下几件事。

① 计划外的福利

在顾客本次消费即将结束时，用更多计划外的福利引他们进入社群，这是常用的维系客户关系的手段。

有些门店直接定义自己的社群就是福利群，在群内可以得到额外的消费福利，可以直接在群内完成交易，也可以拿着群内得到的福利回到线下。

② 志同道合的陌生人

一个好的社群一定是活跃的。

社群的本质是社交，无论你是以福利为纽带，还是以共同兴趣话题为纽带，它都是人与人之间基于某种关系的社交活动。会员制的本质，是由某一企业为一群有相似需求的用户打造一个圈层文化，他们因为进行过同样的消费而进入一个社交圈层,并基于你所经营的产品和服务,让他们为了某种共同的目标(消费需求)参与其中。

③ 是时候展示真正的技术了

社群对于会员的另一个重要的作用就是当他们看到其他顾客的表现之后,会产生一种跃跃欲试的表现欲。这同样是人类社交需求的本性在起作用,通过心理需求的自发推动,加上社群运营的一些策略,鼓励会员主动展示自己在使用产品、消费某项商品的过程,会员主动表达的过程可以让其获得别人的赞赏和认同,从而增加了分享者本人的满足感。

社群让会员之间、会员与店铺之间的链接更紧密,通过社交因素产生心理上的黏性。当然,社群同样面临几个问题,需要其他手段配合解决。

① 什么时候再去看看

一定会有很多顾客活跃在社群中,进店消费的频次却不高。针对这类用户,需要用其他方式让他们决定进店看看。

② 福利需要兑现

对实体店来说,经营社群是需要辅助门店销售的,得到社群福利的人,不能只在线享用,店铺需要想办法让其中一些福利到线下兑现,这时候顾客就会从线上终端跳回线下终端。

③ 这家店还有什么内幕

在店内消费时,顾客没有机会更多地了解门店;有了社群的互动,可以让顾客产生更多情感上的认同。这时候,如果再有别的途径可以让顾客有一个新的视角了解店铺,就能够初步实现全场景营销覆盖。例如"三八"节当天,上海桃园眷村餐厅做了一场直播,主题是桂花酱鸭,对他的食客来说,可能以前经常点这道菜,但很少有机会了解这道菜背后的故事。通过直播,人们既可以看到卖相诱人的美食,又能听到厨师分享这道菜的内幕,比如选用的鸭子是由来自英国的种鸭繁殖而来的,如何让桂花的香味分布在鸭肉的内部等。

当人们知道内幕后,就具备了谈资,当他们愿意跟别人谈起此事时，他们心理上已经默认了对你的店铺更加认可，这时你收获的不仅是老顾客的忠诚度，还包括他们为你带来的新客流。

(3) 直播：顾客复购的终端

我们可以通过直播，让顾客确定接下来要消费什么产品，并且可以具体到什么时间、消费多少。

① 长知识的机会

直播是一个店铺对外表达的渠道，如果单纯用作产品推销，就大材小用了。你可以借此让受众长知识，就像前面提到的，你可以通过直播让顾客了解你的产品和服务背后有哪些过人之处，你对店铺提供的产品和服务是多么用心和讲究，以及了解更好的使用产品的方法，能够有更好的生活体验。

这些内容的出发点是让顾客得到更优的消费体验，而在这一过程中，你教会顾客越多，他们复购也就越多。

② 短暂的额外福利

一场直播总是短暂的，也许只有一个小时，在这一小时内，我们可以设置稍纵即逝的额外福利。

这里面有两个关键词：稍纵即逝、额外。

稍纵即逝可以产生紧迫感，额外则体现稀缺性。这两个要素都是刺激会员加速成交的关键点，除了直播当场的成交，相对于店铺常态的销售，这些针对店铺的额外福利可以刺激老顾客复购。

③ 帮你罗列下次还想要什么

前面讲过，顾客本次消费结束后，下次的复购意向并不清晰，而通过直播，我们就能够帮助顾客罗列下次还可以尝试购买哪些产品，从而进一步地明确复购需求。

当然，直播也存在以下局限性。

① 需要让你沉浸式体验

直播无法实现的是门店沉浸式体验，这也是实体店与直播相互结合的关键原因。

② 需要给你更多诱惑

直播毕竟是通过画面和声音来影响受众,除了促销力度,同样无法让顾客身临其境地感受更多的消费诱惑。

③ 需要让你下次再来

直播结束之后,如何再次跟粉丝产生联系,让他们下次再来,基本上只能靠主播的影响力。对于实体店,完全可以把有意向的顾客纳入会员体系,通过线下导流、社群的维护,持续地为顾客提供下次再来的机会。

11.3
三步打造持续带货的"会员制"直播

> "曹瞒兵败走华容，正与关公狭路逢。"
>
> ——罗贯中《三国演义》

(1) 打造专享福利

专享福利包括订阅福利、上墙福利、抢购福利等。

策划一场直播的第一个环节，就是思考如何打造直播会员的专属福利，用福利吸引更多的人进入直播间。

比如直播开播前通常需要推广预热，目的是让更多受众提前订阅本场直播。开播时，系统自动推送消息，从而尽可能地保证开播后的观众人气。

① 订阅福利

我们可以策划订阅福利，在前期预热时就抛给其他渠道的会员：只要订阅本场直播，就能得到某些订阅福利。

开播后，我们还要鼓励用户互动，最好是让他们针对消费需求和产品提出问题，主播配合客服人员现场为其展示和解答。

② 上墙福利

可通过上墙服务引导观众作出评论，提出互动的话题，谁的问题被主播选中进行现场解答，谁就获得本场的上墙福利。通过该福利刺激，可以带动更多的人主动参与互动，互动越多，直播的效果就会越好。

③ 抢购福利

所有参与直播抢购的用户，在享受原本特价的基础上，额外获得某些抢购福利，比如下单后进入福利群，晒单后有机会赢抽奖免单；比如抢购成功的订单编号尾号是偶数的，享受第二件半价等。

(2) 随时加购，而不是定时秒杀

常见的直播带货节奏是这样的：主播进行介绍，然后上链接，做2~3波抢购秒杀。一般来说，主播喜欢采用整点秒杀的方式，比如晚上9点第一轮、9点半第二轮、10点第三轮。

当你随便进入一个直播间，看到商品链接时，你会下意识地认为，等到某个时刻再去买，一定更优惠。这时如果你不是铁杆粉丝，没能坚持收看直播，而是退出直播间，打算等到整点再进去抢，往往会因忙别的事错过了秒杀时间。

可见，如果顾客不能随时购买，我们将失去很多原本可以成交的订单。

假如我们把类似整点秒杀的活动，变成不管你是什么时间购买，只要是在本期直播中下单并完成支付，不仅可以享受优惠价，还有机会获得更大的福利，会不会更有利于大家随时下单呢？

比如原本晚上9点要有一轮抽奖，可以把抽奖的对象变成9点之前加购物车完成支付的客户，而不是守在直播间的游客。又或者是本期直播带货的第1单、11单、21单等，以此类推，享受半价返还或者免单机会。再比如每15分钟，对所有订单用户进行抽奖并口播。

总之，我们不要让大家等到具体的某个时刻才下单，而是设计游戏规则，鼓励大家随时下单。

主播在直播过程当中也要不断地提醒大家，可以随时下单享受直播福利，而不是等着某个时间点下单才有福利拿。

(3) 消费即"入坑"，连环套连环

简单一招"买返"，就能够有效锁定顾客持续消费。

例如只要你在线下消费，就可以获得本期直播的5折券，若顾客获得了这样的特权，会不会增加在这期直播中再次购买的概率？

同样，只要你在直播中消费，就可以获得一周内到线下店消费的代金券，不消费就作废，会不会刺激更多的人再次进店？

另外，还可以玩集卡游戏，累计3次在直播中成功抢购的客户，获得XXX；在直播中购物获得的线下消费券，被激活使用后，再次获得XXX……。

只要你有消费，我就会让你得到其他不同场景的连环福利，用了就停不下来。

本章重点

划重点

① 实体店做直播，不用歇斯底里地追求当场成交，通过直播引导受众持续体验其他服务终端，有机会拉长消费周期，增加消费额。

② "门店+社群+直播"，加上会员体系的串联，从一定程度上可算作提升店铺的场景竞争维度，可以通过更多的触点撬动老顾客作出持续贡献，当然，也会让新顾客有更多的机会成为老顾客。

③ "门店"在整体实体经营中的战略定位是：顾客沉浸式体验的终端。

④ "社群"在整体实体经营中的战略定位是：顾客获得额外福利的终端。

⑤ "直播"在整体实体经营中的战略定位是：顾客复购的终端。

⑥ 打造持续带货的"会员制"直播的三大技巧是：a) 打造专享福利；b) 随时加购，而不是定时秒杀；c) 消费即"入坑"，连环套连环。

附　录

会员制实战应用工具附表

附录A[①]
引流活动策划与执行工作清单

(1) 活动市场调查清单

事项	调研结果	
目标顾客画像	核心顾客性别	
	核心顾客年龄	
	顾客显著特征	
	顾客核心诉求	
顾客消费情况	单次人均消费金额	
	人均进店次数	
	近三个月消费频次	
	近1个月消费频次	
	预付消费比例	
活跃顾客筛选	近期高频消费名单	
店内产品情况	价格构成	
	销量排行	
	成本结构	
历史促销活动	活动类型	
	产品与政策	
	活动数据	
同行情况	区域内生意最好的店	
	生意好的店与本店的差异点	
	优劣势对比分析	
	促销活动方式与效果	

注:本表仅填写调研结果摘要,如需另付表格或文件请注明。

[①] 本部分实战应用工具为实操工作指导所用,如需原版模板,可扫描封底二维码获取。

(2) 爆品设计清单

事项	名称	售价	成本
爆品组合			
定价			

爆品原则核对	执行状态 （完成打√号）	备注
老顾客能够毫不犹豫地购买		
目标新顾客感觉很超值		
具备必须到店的属性		
兼顾多次进店的规则		
有二次转化的铺垫		

(3) 活动执行清单

事项	说明	执行状态 （完成打√号）	备注
活动规则	活动开始时间和结束时间		
	红包有效期的结束时间 (一般要晚于活动时间)		
	订单核销有效期		
	已下单顾客统一到店时间		
线上文案	小程序标题		
	活动说明(首页的温馨提示)		
	朋友圈转发模板文案		
线下布置	店门口展架		
	门头LED滚动字幕/文案		
	大厅接待区宣传展架/海报		
	收银台KT板、台卡		
	店内电视大屏轮播图		
	礼品堆头		
	地贴指示标签		
	员工个人邀请海报打印制作		

续表

事项	说明	执行状态（完成打√号）	备注
邀约方案	种子顾客邀约名单(分派到人)		
	微信邀约文案		
	电话邀约话术		
	分组规则		
	奖惩政策		
触点响应方案	看到顾客正在浏览活动内容时，工作人员要上前进行讲解		
	顾客掏出手机准备参与时，工作人员应进行操作指导		
	顾客质疑活动真实性时，工作人员要有统一话术和素材辅助佐证		
	顾客购买成功时(现场)，工作人员应现场鼓励他/她完成一次"转发朋友圈+转发好友"		
	顾客问到关于红包的问题时，工作人员应告知红包玩法，并强调真实提现，到账微信		
	线上有新订单，要确定回访时间，并确定话术内容		
	未支付订单，要确定回访时间，并确定话术内容		
	顾客到店核销时，要确定接待及服务流程，并在领取礼品时(或其他合适时机)合影拍照		
	参与过活动并到店的顾客，接待人员要引导其发朋友圈，展示该活动真实有效		
	以上内容确保店内形成执行清单，打印并分发给工作人员		
应急预案	确定店铺接待量，若有用时较长的服务项目，则需要提前预约，出现爆店情况时要有分流、安慰政策		
	设置专人处理突发性顾客投诉、恶意诋毁等事件		

附录B
门店会员制运营成长统计表

附录C
会员权益体系设计表

	会员级别1	会员级别2	会员级别3	会员级别4
入会方式				
有效期				
升降级规则				
新人礼				
会员折扣				
积分比例				
积分用途				
储值特权				
生日特权				
会员日特权				
其他特权				
备注				